D1726503

Ingrid Kötter
Für zwanzig Pfennig Bildsalat

Ingrid Kötter

Für zwanzig Pfennig Bildsalat

Mit Bildern von Ursula Kirchberg

Arena

CIP-Kurztitelaufnahme der Deutschen Bibliothek

Kötter, Ingrid:
Für zwanzig Pfennig Bildsalat / Ingrid Kötter. –
1. Aufl. – Würzburg : Arena, 1987.
ISBN 3-401-04193-2

1. Auflage 1987
© 1987 by Arena-Verlag Georg Popp, Würzburg
Alle Rechte vorbehalten
Einband und Innenillustrationen von Ursula Kirchberg
Lektorat: Barbara Küper
Gesamtherstellung: Pfälzische Verlagsanstalt, Landau
ISBN 3-401-04193-2

Inhalt

Wie ich von Geschichten in Papiertüten träume und
Tante Butenschön sie zerplatzen läßt

»Kleine Geschichten erhalten die Freundschaft!« sagt Onkel Butenschön. Er steht hinter der Theke und hält eine von den weißen Papiertüten hoch, in denen er sonst Brötchen verpackt. War er immer schon so klein und dünn?

Na klar. So ist er eben. Er braucht im Laden eine Trittleiter, um an die Mehltüten hoch oben im Regal zu kommen. Tante Butenschön braucht dazu keine.

Wo ist sie überhaupt? Und der Laden! Er sieht fremd aus. Wo sind Mehl, Eier, Schuhcreme und Harzer Käse? Die Regale sind leer.

Dafür ist der Laden voll. Viele Kunden und Kundinnen stehen in einer langen Schlange in Butenschöns Gemischtwarenhandlung und draußen vor der Ladentür. Zwei Frauen sind noch vor mir an der Reihe. Sie stecken die Köpfe zusammen und tuscheln.

»Psst!« Onkel Butenschön hält jetzt die Papiertüte an den Mund und spricht leise hinein.

Ist das zu fassen? Die Tüte bläht sich auf! Bei jedem Wort etwas mehr.

Oder pustet Onkel Butenschön sie auf wie einen Luftballon? Nein. Ich sehe es deutlich. Er hält die Tütenöffnung etwas zusammengekraust in der linken Hand, stützt sich mit der rechten auf der Theke ab und redet. Er redet in die Tüte. Die ist jetzt prall gefüllt.

»Halt!« Ich weiß, wenn Onkel Butenschön jetzt weiterspricht, platzt die Tüte.

»Aufhören!« Hört mich denn niemand? Komisch. Ah, ein Glück! Onkel Butenschön ist mit seiner Geschichte fertig.

»Aufpassen!« Wenn er jetzt nicht schnell die Tüte zuhält, fliegen ihm die Wörter auf und davon.

Keine Sorge! Onkel Butenschön kennt sich aus. Geschickt preßt er den Rand der Tüte zwischen Daumen und Zeigefinger zusammen und windet ein rotes Gummiband darum.

»Bitte sehr, meine Dame!« Mit tiefer Verbeugung überreicht er die Tüte der Kundin. Die nächste Frau ist an der Reihe. Auch sie bekommt eine vollgeredete Papiertüte.

»Danke, Herrn Butenschön!«

»Es ist mir ein Vergnügen, meine Dame!«

»He! Was gibt es hier?« Jemand ruft es vom Ende der Schlange in den Laden hinein.

»Geschichten in Tüten!«

Ich bin an der Reihe. Eine neue Tüte. Ein leichtes Räuspern. Onkel

Butenschön beginnt. Verflixt! Warum kann ich nicht verstehen, was Onkel Butenschön in meine Tüte spricht?

Was? Schon fertig? Das ist aber eine kurze Geschichte, oder? Nein. Die Tüte ist zum Platzen voll.

»Hier! Gut festhalten, meine Dame!«

»Ich? Eine Dame? Aber Onkel Butenschön! Ich bin doch die Moni, die Moni Wiedemann von oben. Ich bin erst neun.«

Wieso kennt er mich nicht? Wir wohnen doch in Butenschöns Haus. In der Kastanienallee 1. Über Butenschöns Laden. Seltsam. Onkel Butenschön betrachtet mich wie eine Fremde. Er nimmt die nächste Tüte und redet in sie hinein.

Ich halte mir meine Tüte ans Ohr. Es summt darin und flüstert. Ich werde sie hüten wie einen Schatz.

Was ist los? Unruhe entsteht. Onkel Butenschön füllt keine Geschichten mehr ab. Sind sie ihm ausgegangen?

Nein. Tante Butenschön hat den Laden durch die hintere Tür betreten. Massig und groß steht sie da. Sie stemmt die Arme in die Hüften und sieht Onkel Butenschön grimmig an.

Der will die restlichen Tüten hinter seinem Rücken verstecken. Zu spät! Tante Butenschön hat sie längst entdeckt. Ihren scharfen Augen entgeht so leicht nichts.

»Mit dem Geschichtenerzählen ist es ein für allemal aus!« sagt sie barsch. »Wir machen den Laden dicht. Geht nach Hause! Auf, auf!«

Niemand will gehen. Alle drucksen herum. Einige jammern. Tante Butenschön geht auf die Kunden mit den prall gefüllten Tüten zu und hebt die Hände.

»Nein! Tu das nicht, Katharina! Meine schönen Geschichten!« Onkel Butenschön will seine Frau zurückhalten. Er schafft es nicht. Das würde auch kein größerer Mann schaffen. Eine Katharina Butenschön schafft niemand.

Knall! macht es. Tante Butenschön hat die erste Tüte zwischen ihren großen Händen zerklatscht. Zeng! Das war die zweite.

»Nein! Nicht meine Tüte!« Ich will es laut schreien, kriege aber keinen Ton heraus. Auch meine Tüte erwischt es. Sie zerplatzt mit einem lauten Knall.

Wie ich schwebe, und warum das Schweben
bei mir nichts Besonderes ist

Ich liege im Bett und halte die Augen fest geschlossen. Tante Butenschön schleppt unten Obst– und Gemüsekisten. Ich kann sie hören. Knall! Peng! Sie stellt sie auf dem Eisenständer vor dem Schaufenster ab. Es duftet nach Äpfeln, Birnen und frischem Salat. Wie war das eben im Traum? Ach ja! Onkel Butenschön hat noch kleiner und dünner als sonst hinter der Theke gestanden und Geschichten in Tüten verpackt. Und verschenkt hat er sie. Das hat Tante Butenschön nicht gepaßt. Ist ja klar. Die verschenkt nichts. Die verkauft nur.

Ich muß den Traum unbedingt Onkel Butenschön erzählen. Heimlich. Wir haben das abgesprochen. Ich habe zwei Silberknöpfe als Talisman. Die hole ich aus der Hosentasche, lege sie kurz auf die Theke und sage: »Für zwanzig Pfennig Bildsalat!« Dann weiß Onkel Butenschön Bescheid. Er zwinkert mir zu, wir gehen zu den Obst– und Gemüsekisten vor dem Laden und reden über unsere Träume.

Diesmal war es kein Bildsalat. Diesmal war es ein ganz besonderer Traum. Wie aus dem Bilderbuch oder so. Und ich mittendrin. Aber ich war nicht ich. Ich war irgendeine fremde Dame. Mal fühlen, ob ich jetzt wieder ich bin. Na klar. Ich, Monika Wiedemann, liege mit geschlossenen Augen im Bett, atme tief ein und aus und schwebe.

Das Schweben ist bei mir nichts Besonderes. Ich schwebe immer, wenn ich krank bin. Bei Masern hab' ich geschwebt, bei Mumps und Mandelentzündung. Jetzt schwebe ich bei den Windpocken und denke: Wenn ich krank bin, geht Mama nicht zur Arbeit.

Wenn ich krank bin, muß ich keine Angst um sie haben. Mir wär's viel lieber, Mama würde nicht arbeiten.

Mama ist bei der Sparkasse. Als Kassiererin. Immer, wenn ich an sie denke, in der Schule oder so, kriege ich ein scheußliches Magenkribbeln. Dann sehe ich nämlich in Gedanken Mama hinter dem Geldschalter und vor dem Geldschalter einen Mann mit Maske. Der Mann hält eine Pistole in der Hand und schreit: »Hände hoch oder ich schieße!«

Das hab' ich in Krimis gesehen. Im Fernsehen. Und geträumt hab' ich das auch schon. Ganz oft. Meistens mit Mama als Kassiererin. Früher hab' ich immer vom Werwolf geträumt. Jetzt weiß ich, daß es Werwölfe nicht gibt. Aber Verbrecher, die gibt es. In der Tagesschau zeigen sie manchmal Banken oder Sparkassen, die überfallen wurden.

Träume mit Mama bei einem Überfall sind gräßlich. Aber sie sind nicht das Schlimmste. Auch am Tag sehe ich immer und überall Leute, die Verbrecher sein könnten. Die Frau mit dem Kopftuch? Sie braucht es sich ja nur schnell vor den Mund zu binden. Schon sieht man nur noch ihre Augen. Und der Mann mit dem Bart? Ist der Bart echt?

Überall dort, wo Kassen sind, muß ich Menschen beobachten. Das ist unheimlich anstrengend. Einmal hab' ich vor lauter Aufpassen vergessen, Schokolade und Bonbons in den Einkaufswagen zu legen. Dabei liegen die Süßigkeiten im Supermarkt so, daß kein Kind sie übersehen kann. Direkt neben der Kasse in einem Korb. Und darüber ein Schild: »ZUGREIFEN!«

So geht es nicht weiter, hab' ich gedacht und Mama nach Überfällen auf Sparkassen gefragt.

»Du Dummerchen, mir passiert schon nichts«, hat Mama gesagt. »In unserer Zweigstelle ist nicht viel Geld zu holen.«

Über das Wort »Dummerchen« hab' ich mich nicht geärgert. Pah! Ich bin keines. Das weiß ich. Aber wer weiß, ob die Verbrecher wissen, daß in Mamas Zweigstelle nicht viel Geld zu holen ist. Vielleicht gibt es auch ganz bescheidene Verbrecher, die mit wenig Geld zufrieden sind.

Papa hat von Panzerglas gesprochen. »Eine dicke Scheibe schützt Mama und läßt keine Pistolenkugel durch. Das weiß jeder, und deswegen geht kein Verbrecher in die Sparkasse.«

Denkste! Das weiß ich besser. Die Täter nehmen sich einfach andere Menschen als Geiseln. Angestellte, die nicht hinter einer Panzerglasscheibe arbeiten wie Mama. Oder Kunden. Denen halten sie die Waffe an die Schläfe oder in den Rücken. Und damit die Leute nicht erschossen werden, muß die Kassiererin das Geld hergeben. Jedes Kind, das fernsieht, weiß das.

Verflixt! Jetzt juckt es überall. Und dann ist da dieses komische Kribbeln im Magen. Das krieg' ich nur, wenn ich Angst habe. Weg mit dem Kribbeln! Heute bleibt Mama zu Hause. Ich hab' die Windpocken! Schweben ist schön.

Ob es aufhört, wenn ich mich mal ganz vorsichtig kratze?

Wie ich mich freue, daß Mama zu Hause bleibt,
und einmal Fieber haben soll und dann
plötzlich wieder nicht

»Nicht die Windpockenpusteln aufkratzen!« hat Mama gesagt. »Das gibt häßliche Narben, und du willst doch mal eine hübsche junge Dame sein.«

Eine hübsche junge Dame? Ich? Nein. Im Augenblick will ich nur eins: kratzen. Es juckt. Es brennt. Es sticht.

Ich weiß! Ich fange am Oberschenkel an und am Po. Da fallen die Narben nicht auf. Ah, das tut gut. Jetzt juckt es nur noch im Gesicht. Das ist ja nicht auszuhalten! Hübsche junge Dame hin, hübsche junge Dame her, jetzt kommt die Stirn dran. Eine Ponyfrisur ist ein praktischer Haarschnitt für Menschen mit Windpocken. Die Haare fallen über die blutiggekratzten Stellen, und niemand merkt etwas.

Ein Glück! Das Jucken hat aufgehört. Ich atme tief durch und fühle mich federleicht.

Heute steht Mama nicht hinter der Panzerglasscheibe und zahlt Geld aus. Heute bin *ich* ihr Chef. Heute sitzt die Sparkassenangestellte Bärbel Wiedemann an meinem Bett und liest mir was vor.

Gestern hat sie mit mir Karten gespielt. Schwarzer Peter und so. Vorgestern haben wir um die Wette Rätsel gelöst. Vorvorgestern hatte ich zu nichts Lust. Das Fieber! Mir war schrecklich heiß.

Heute abend spielt auch Papa mit mir. Er hat es versprochen. Mit Papa spiele ich am liebsten »Spitz paß auf!«. Das spiele ich nämlich oft mit Mama. Deshalb kann ich ihn gut schlagen.

Sonst sieht Papa abends immer fern. Dann sitze ich auf seinem Schoß und sehe mit. Alles, was kommt. Ich sitze immer ganz still und rühre mich kaum. Wenn ich nämlich Fragen stelle oder herumrutsche, weil die Polizisten den Mörder im Gebüsch nicht sehen, wird Papa sauer und sagt: »Ab ins Bett mit dir!«

Wie soll ich oben in meinem Zimmer einschlafen, wenn der Mörder unten im Wohnzimmer noch im Gebüsch sitzt? Ich ruf' dann immer runter: »Haben sie ihn endlich?«

»Ruhe da oben!« brüllt Papa nach oben.

»Na klar haben sie ihn gekriegt«, ruft Mama.

»Und wie?«

»Ist doch egal! Schlaf endlich!« schreit Papa. Aber das ist nicht egal. Das ich wichtig.

Mama kann mich gut verstehen. Sie will selbst auch oft wissen, wie der Schluß war. Papa erzählt ihn ihr aber meistens nicht. Dazu ist er zu müde.

Papa arbeitet an einem Computerplatz im Büro. Er sieht am Tag ganz oft auf einen Bildschirm mit Schrift. Papa behauptet immer: »Mir macht das nicht aus. Ich bin das gewöhnt.« Und dann lacht er über Mama, weil die mal wieder mitten im Krimi eingeschlafen ist.

Mama wird dann wütend und fragt: »Warum stellen wir nach der Tagesschau nicht einfach mal den Fernseher ab? Wenn wir abends miteinander reden oder spielen würden, würden mir nicht immerzu die Augen zufallen. Und für deine Augen wär' es auch besser. Die sind schon ganz rot, wie bei einem Kaninchen.«

Papa glaubt das mit den Kaninchenaugen nicht. Aber in den Spiegel sehen will er auch nicht. Und dann streiten sich Mama und Papa. Und in der Nacht krieche ich zu Mama ins Bett, weil der Mörder immer noch im Gebüsch sitzt oder bestimmt im Traum in mein Zimmer kommt.

»Ist doch nur ein Film«, sagt Mama und bringt mich in mein Bett zurück. »Ich brauche meinen Schlaf, Moni. Ich muß morgen früh aufstehen. Und wenn du bei mir im Bett liegst, wälzt du dich

15

herum wie ein Nilpferd und prustest und stöhnst. Dabei kann kein Mensch richtig schlafen.«

Ich möchte auch gern richtig schlafen. Deshalb versuche ich es kurz darauf bei Papa. Der läßt mich meistens gar nicht erst in sein Bett. »Verschwinde!« schimpft er. »Ich muß morgen wieder Geld verdienen. Da muß ich fit sein. Und laß dir nicht einfallen, dich heimlich bei mir einzuschleichen. Denk an das blaue Auge!« Immer hält er mir sein blaues Auge vor. Immer. Dabei hab' ich nur einmal im Schlaf mit meinem Ellenbogen sein Auge getroffen.

Papa ist jetzt längst im Büro. Er sitzt schon wieder an seinem Computer, wetten? Ich hab' ihn gehört, als er ging. Er hat Tante Butenschön gefragt, ob er ihr beim Kistenschleppen helfen soll. »Nein, nein, nicht nötig!« hat Tante Butenschön gesagt. »In drei Wochen machen wir den Laden dicht. Bis dahin schaffe ich das noch alleine.«

Ob Butenschöns den Laden diesmal wirklich zumachen wollen? Für immer? Sie haben es schon oft gesagt und nicht gemacht. Der Laden und Butenschöns sind wichtig für mich. Nicht nur wegen Seidenkissenbonbons, Riesenlutschern und so. Vor allem wegen Onkel Butenschöns Geschichten. Er kann unheimlich gut erzählen und zuhören. Alle Kinder, alle Kunden und Kundinnen unterhalten sich gern mit ihm.

Tante Butenschön mag das nicht. Sie sagt »Wortgeklingel« zu Onkel Butenschöns Geschichten. Sie mag nur, wenn die Kasse klingelt. Das weiß ich von Mama. Und Mama versteht eine Menge von Kassen und Geld.

Von Kindern und Geld versteht Mama leider wenig. Sie glaubt zum Beispiel nicht, daß Kinder Taschengeld brauchen.

»Es müßte Kindergeld geben«, hab' ich zu Mama gesagt. »Extrageld. Geld, mit dem nur Kinder bezahlen können.«

»So ein Unsinn«, hat Mama gesagt. »Wir kaufen dir doch alles, was du brauchst. Wenn du älter bist, reden wir noch mal drüber, ja?«

16

Tante Butenschön versteht das mit dem Taschengeld. Für sie steht fest: »Ein Kind will auch mal selbst entscheiden, was es kaufen will. Das geht nur, wenn es eigenes Geld hat. Es muß ja nicht viel sein.«

Mama meint, daß Tante Butenschön das nur sagt, weil sie möglichst viel verkaufen will. Und daß ich mir für mein Taschengeld nur Süßigkeiten bei ihr kaufen würde. Seidenkissenbonbons, Kirschlutscher, Riesenlutscher und so. Sie hat zu Tante Butenschön gesagt: »Mir sind Monis Zähne wichtig und Monis Gesundheit. Kinder sind sehr unvernünftig in solchen Dingen.«

»Und Erwachsene?« hat Tante Butenschön gefragt. »Sind die etwa vernünftig? Wer raucht denn abends wie ein Schlot, daß das ganze Treppenhaus stinkt? Sind Zigaretten gesund?«

Darauf hat Mama nichts mehr gesagt. Sie hat nur wütend geschnauft. Sie will ja immer mit dem Rauchen aufhören. Papa hat es geschafft. Sie nicht. Das ist bei ihr wie bei Papa mit dem Fernsehen. Er kommt nach Hause, setzt sich in den Sessel und schaltet den Fernseher an. Mama kommt nach Hause, setzt sich in den Sessel und steckt sich eine Zigarette an. Papa bleibt im Sessel sitzen. Mama muß dann Abendessen machen und den Abwasch und so. Bei mir muß später der Mann abwaschen. Wenn ich den ganzen Tag irgendwo gearbeitet habe, will ich es abends gemütlich haben. Heute hat es Mama gut. Sie sitzt in der Küche und liest. Die Zeitungsseiten rascheln beim Umblättern.

Manchmal ist Mama richtig froh, wenn ich krank bin. Und ich erst! Dann kann ich mit Mama reden. Dann kann ich mit Mama schmusen. Und mittags kommt Mama zu mir ins Zimmer. Sie schläft auf meiner Couch und ich in meinem Bett. Gestern haben wir es auch so gemacht. Aber soweit ist es heute noch nicht. Es ist früh am Morgen. Ich liege im Bett und schwebe. Nur nicht die Augen aufmachen! Schweben ist schön.

Das Telefon schrillt unten. Ich reiße die Augen auf. Verflixt! Unsanfte Landung! Wer schwebt, darf auf keinen Fall plötzlich die Augen aufreißen. Zu spät. Schon passiert. Die Sonne scheint mir ins Gesicht.

Mama nimmt den Hörer ab und meldet sich. »Hier Wiedemann.«
Ist das Licht grell! Ich lege meinen Arm über die Augen. Mein Rücken juckt. Feucht und schwer klebt er jetzt auf dem Laken.

»Ja«, sagt Mama. »Selbstverständlich. Nein, nein. Wenn das so ist, komme ich natürlich sofort. Moni geht es besser. Die Windpocken heilen ab. Sie hat kein Fieber mehr. Und dann sind ja auch noch Butenschöns im Haus. Für alle Fälle.«

Mama legt den Hörer auf. Mama rennt in der Wohnung umher. Mama kommt die Treppe zum Kinderzimmer herauf.

»Moni!«

Ich rühre mich nicht. Ich beiße die Zähne zusammen. Nur nicht losheulen! Es ist bestimmt nicht wahr. Ich hab' mich verhört.

»Moni! Ich weiß genau, daß du nicht schläfst.« Mama hebt meinen Arm von den Augen. »Sieh mich an, Moni. Bitte! Ich muß zur Arbeit.«

Denkste! Ich mache die Augen nicht auf. Bloß den Mund. Ich brülle: »Du bleibst zu Hause! Ich bin krank. Wenn ich krank bin und Fieber habe, gehst du nie fort. Das hast du versprochen. Damals, als du wieder arbeiten wolltest. Du hast es Papa versprochen. Was man verspricht, muß man auch halten!«

»Mach kein Theater, mach endlich die Augen auf, Moni!«

Theater? Wer macht hier Theater? Na gut. Ich mache die Augen auf. Und nun?

Mama beugt sich über mich. Sie ist schon im Mantel. Sie sagt: »Mein Chef ist sonst sehr großzügig, Moni. Er hat selbst Kinder und weiß, wie es ist, wenn Kinder krank sind. Er braucht mich jetzt dringend, und du hast seit vorgestern kein Fieber mehr. Mittags sehe ich nach dir. Und ich sage Butenschöns Bescheid. Die sind ja im Haus. Die kümmern sich um dich, wenn was ist.«

»Die müssen sich um ihren Laden kümmern«, schreie ich. »Und ich will auch nicht, daß sich jemand anders um mich kümmert. Nur du sollst das. *Ich* brauch' dich jetzt dringend! *Ich*!«

Alles Schreien und Toben hilft nichts. Mama steigt über meine Jeans und mein Fotoalbum. Macht sie Ernst? Geht sie wirklich? Tatsächlich. Sie stapft mitten durch Legosteine und Bücher in Richtung Tür.

»Halt! Dann will ich wenigstens fernsehen. Morgens wird immer alles vom Abend vorher wiederholt. Gestern war ›Der große Preis‹ mit Wim Thölke dran. Das möchte ich sehen.« Ich schwinge meine Beine aus dem Bett und will zur Couch im Wohnzimmer gehen.

»Nichts da!« Mama kommt zurück. »Soweit kommt das noch!« Sie packt mich bei den Schultern, drückt mich ins Bett zurück und deckt mich gut zu. »Wer Fieber hat, darf nicht fernsehen. Das ist nicht gut für die Augen. Das weißt du doch. Räum lieber auf!« Sie hebt meine Jeans auf. »Hier sieht es ja schrecklich aus.«

Ach nein, auf einmal hab' ich wieder Fieber. Und fernsehen darf ich nicht, aber aufräumen soll ich. Typisch Mama.

Wie ich lache, bis mir der Bauch wehtut, und Onkel
Butenschön mir einen Brief von Matz
in die Hand drückt

Mama hebt die Silberknöpfe auf, die aus meiner Hosentasche gefallen sind. »Hier! Dein Talisman!«
Ich lege die Knöpfe auf den Nachttisch und angele vom Bett aus nach dem Fotoalbum, das auf dem Fußboden liegt.
»Schlaf lieber noch etwas, Moni!« Mama streicht mir übers Haar.
»Schlaf ist gesund. Wenn du schläfst, spürst du das Jucken nicht so und kratzt nicht.«
Ich sehe Mama scharf an. Glaubt sie das wirklich?
»Sieh mich nicht so an!« sagt Mama und hängt meine Jeans über den Stuhl. »Ich hatte auch mal die Windpocken. Das Jucken ist auszuhalten. Glaub mir, ich wollte ja zu Hause bleiben. Ehrlich. Aber in der Sparkasse geht ohne mich alles drunter und drüber. Alle stehen kopf, sagt der Sparkassenleiter. Tschüs, mein Kind!«
Ein Kuß auf die Windpockenstirn. Weg ist sie.
»Ich kratze mich auch im Schlaf!« schreie ich hinter ihr her. Aber das hört Mama nicht mehr. Sie hat die Zimmertür hinter sich zugezogen. Mit Absicht. Sie will nicht weich werden. Die Sparkasse ist ihr wichtiger als ich. Ihr Chef ist ihr wichtiger als ich.
Ich wälze mich im Bett herum. Ich heule. Ich kratze mich. Überall. Das hat Mama davon! Das wird ihr noch leid tun. Sie ist schuld daran, wenn ich später als Narbengesicht herumlaufe. Niemand sonst läßt sein schwerkrankes Kind allein und geht zur Arbeit, bloß weil irgendwelche Leute kopfstehen.
Und was ist, wenn ausgerechnet heute plötzlich ein Mensch mit einer Maske vor dem Gesicht vor der Sparkassenangestellten Bärbel

Wiedemann steht und »Hände hoch!« sagt? Oh nein! Nur das nicht. Ich war so gräßlich zu Mama.

Ich zucke zusammen. Jemand hat an meine Zimmertür geklopft.

Der Jemand ist Onkel Butenschön. Er fragt: »Darf ich hereinkommen?«

Dumme Frage. Er ist ja schon drin. Und hinter ihm schiebt sich die dicke Tante Butenschön ins Zimmer. Sie sieht mich brummig an. Das ist aber bei ihr nichts Besonderes. So ist sie immer. Sie lacht nie. Jedenfalls hab' ich es noch nie bei ihr gesehen. Und Mama sagt immer: »Wenn Tante Butenschön mal lacht, geht bestimmt die Welt unter.«

Ich möchte gern, daß sie mal lacht. Wenigstens etwas. Aber wenn davon gleich die Welt untergeht, soll sie es doch lieber lassen. Das meint auch Onkel Butenschön. Ich hab' mich mal mit ihm über seine Frau unterhalten. Sonst ist sie eigentlich ganz in Ordnung. Sie kann Schürfwunden verpflastern, Flecken entfernen, und sie weiß, wie man Nasenbluten stillt. Ich glaube, sie mag Kinder, aber sie will nicht, daß es jemand merkt.

Tante Butenschön stellt mir ein Glas Orangensaft auf den Nachttisch. »Hier! Frisch ausgepreßt!« Weg ist sie wieder. Onkel Butenschön schiebt meine Legosteine mit dem Fuß zur Seite und hebt ein Farbfoto auf, das aus meinem Fotoalbum gefallen ist. Ich bin drauf zu sehen. Im Bett. Mit Masern. Schrecklich sehe ich aus! Wie ein Streuselkuchen.

»So ähnlich hab' ich als kleiner Junge auch mal ausgesehen«, sagt Onkel Butenschön. »Meine Eltern haben mich damals ins Krankenhaus gebracht. Sie dachten, ich hätte Scharlach. Ich sollte meine Geschwister nicht anstecken. Es war aber kein Scharlach. Ich hatte nur zu viele Erdbeeren gegessen. Die hatten ein Freund und ich in Nachbars Garten geklaut. Deshalb konnte ich nichts davon sagen. Meine Eltern haben es trotzdem herausbekommen. Sie haben gesagt, die Flecken hätte ich zur Strafe für die böse Tat

gekriegt. Wer klaut, kriegt Flecken oder so. Aber das war natürlich Unsinn. Ich hab' später noch mal geklaut. Äpfel. Ich wollte herauskriegen, ob es stimmt. Nichts ist passiert. Vom Erdbeerenessen dagegen wird meine Haut auch heute noch fleckig. Drei Erdbeeren, na gut. Da passiert noch nichts. Aber zehn können schon zuviel sein.«

Onkel Butenschön mit seinen Geschichten! Mir doch egal, ob man vom Klauen überall rote Flecken kriegt oder nicht. Bankräuber müßten so was kriegen. Am besten vor der Tat. Aber die kriegen das nicht, wetten? Ich drehe mich zur Wand.

»Sauer?« fragt Onkel Butenschön.

»Mama ist zur Arbeit gegangen«, sage ich in Richtung Wand. »Ohne sie stehen alle kopf, sagt Mama.«

Plötzlich muß ich laut lachen. Ich lache, bis mein Bauch wackelt und schon richtig wehtut. Ich schlage mit den Fäusten gegen die Wand.

»Bist aber ganz schön albern heute«, findet Onkel Butenschön. »Das machen wohl die Windpocken, was? Ich will auch mal was zum Lachen haben. Erzähl, was ist denn so lustig?«

Ich kichere. Ich schlucke. Ich schniefe. »Stell dir mal vor, ein Mann macht einen Überfall. Jetzt. Auf unsere Sparkassenzweigstelle.«

Onkel Butenschön stellt es sich vor. Aber er findet es nicht lustig.

»Die sind doch jetzt noch ohne Mama.«

»Na und?« Onkel Butenschön versteht immer noch nicht.

Ich grinse. Ich tue so, als ob ich mir ein Mikrofon vor den Mund halten würde. Ich flüstere in meine Faust: »Ein verdächtig aussehender Mann betritt die Sparkasse. Er geht zum Geldschalter. Er zieht etwas aus seiner Hosentasche. Eine Strumpfmaske! Er zerrt sie sich über das Gesicht. Er will Geld, viel Geld. Er schreit: ›Hände hoch oder ich schieße!‹ Aber was ist das? Was macht er jetzt? Er stutzt. Er läßt die Pistole fallen und rennt weg.«

»Na und?« Onkel Butenschön begreift nicht, warum ich den letzten Satz vor Lachen kaum herausgebracht habe.

»In der Sparkasse stehen doch alle kopf, weil Mama noch nicht da ist. Wie sollen sie da die Hände hochnehmen? Der Verbrecher sieht überall hinter den Schreibtischen Beine. Nichts als Beine! Auch hinter der Panzerglasscheibe am Geldschalter. Und er hat doch ›Hände hoch oder ich schieße!‹ gebrüllt.«

»Ach so!« Jetzt lacht auch Onkel Butenschön. »Gut ausgedacht, Moni. So eine Geschichte sollten sie mal im Fernsehen bringen. Nicht immer so bierernste Krimis.«

»Fritz, Kundschaft!« Das war Tante Butenschön.

»Ja, ja. Ich komme schon. Hier! Ich hab' noch was für dich, Moni. Einen Brief von Matz.« Weg ist Onkel Butenschön. Wenn seine Katharina ruft, flitzt er.

Ich wische mir mit dem Schlafanzugärmel die Heul– und Lachtränen ab, ziehe kräftig die Nase hoch und öffne den Briefumschlag. Wenigstens einer, der an mich denkt.

Was steht da?

> Liebe Moni, Du hast es gut.
> Du bist krank. Ich bin
> wieder gesund. Ich muß heute
> die dämliche Mathearbeit
> schreiben. Ohne Dich!
> Das geht bestimmt schief.
> Die Krauss meckert dauernd
> mit mir rum. Und Du
> hast gesagt, die wär' besser
> als die Lehmann.
> Das ist sie nicht!!!
> Dein Maximilian Möller (Matz)

Ach ja, die Mathearbeit! Ist heute Freitag? Tatsächlich. Der arme Matz! Aber er ist selbst schuld daran, daß ich ihm nicht helfen kann. Er hat mich angesteckt.

Egal. Matz braucht mich. Ganz besonders in Mathe. Mathe mag er nicht. Aber mich mag er. Matz ist mein Freund. Wir sind unzertrennlich. Das sagen alle.

In letzter Zeit war ich nachmittags trotzdem oft allein. Ich weiß nicht, ob das sein darf, wenn man unzertrennlich ist. Immer, wenn ich gefragt hab': »Kommst du heute nachmittag zum Spielplatz?« – »Gehst du mit mir zu Bauer Hansen?« oder so, dann hat Matz gesagt: »Geht nicht. Muß Peter beim Tapezieren und Einräumen helfen.« Peter ist der Bruder von Matz. Er ist achtzehn geworden und hat jetzt eine eigene kleine Wohnung.

Egal. Das war vor den Windpocken. Nach den Windpocken ist Peters Wohnung fertig. Dann hat Matz wieder Zeit für mich.

Ich bin gut in Mathe. Ich geh' nämlich immer zu Tante Butenschön, wenn ich mit einer Aufgabe nicht klarkomme. Tante Butenschön sieht sie sich an. Sie sagt nichts. Sie legt nur ihren dicken Zeigefinger auf die Stelle, an der ich falsch gerechnet habe. Ich muß dann ganz allein herauskriegen, was verkehrt ist und warum.

Wenn Onkel Butenschön sieht, daß ich vor Anstrengung rote Ohren habe, versucht er mir das Ergebnis zuzuflüstern und kriegt Krach mit Tante Butenschön. »So dumm ist Moni nicht«, sagt sie. »Moni findet das allein heraus.«

Wenn ich es allein herausgefunden habe, will mir Onkel Butenschön was zustecken. Einen Kirschlutscher oder so.

»Nichts da!« sagt Tante Butenschön. »Am Ende kann Moni nur noch mit Kirschlutscher im Mund rechnen. Willst du das?«

Nein, das will Onkel Butenschön nicht. Da steckt er sich den Lutscher lieber selbst in den Mund.

Tante Butenschön hat die Zeigefinger–Methode auch an Matz ausprobiert. Es hat nicht geklappt. Matz braucht immer unheimlich lange, bis er einen Fehler findet. Das hält kein Zeigefinger aus. Auch nicht der von Tante Butenschön.

Ich drücke Matz die Daumen für die Mathearbeit. Mir macht es aber auch nichts, wenn sie schlecht ausfällt. Ich mag Matz trotzdem. Mit Matz kann ich prima spielen. Er kann im Bach Dämme bauen, weiß, wie man Drachen bastelt und im Weiher Kaulquappen fängt. Wenn ich mit Matz spiele, vergesse ich sogar die »Löwenzahn«–Sendung. Aber der Peter Lustig sagt ja sowieso immer: »Macht den Fernseher aus! Geht lieber raus zum Spielen!« Ich freu' mich riesig auf Matz. Der mag mich auch mit Windpockennarben, wetten?

Wie ich unser Wohnzimmer auf den Kopf stelle, und warum an der Hausmauer neben Butenschöns Laden das Wort »Maßschneiderei« steht

Windpocken hin, Fieber her: Mama ist weg. Butenschöns waren schon bei mir oben. Wenn ich mich beeile, kriege ich doch noch die Hälfte vom »Großen Preis« mit. Weg mit dem Fotoalbum! Raus aus dem Bett! Ich ziehe die Hausschuhe an und renne ins Wohnzimmer hinunter.

Wo ist die Fernbedienung vom Fernsehapparat? Verschwunden. Ich ziehe alle Schubladen heraus und wühle darin herum. Komisch. Nicht mal hinter dem Couchkissen ist der kleine, flache Kasten. Dort finden wir ihn sonst meistens.

So eine Gemeinheit! Mama hat ihn mitgenommen, wetten? Sie will nicht, daß ich fernsehe. Es ist schrecklich, wenn Erwachsene kein Vertrauen zu Kindern haben. Wie soll ich den Fernseher anmachen, wenn die Fernbedienung vom Fernseher in Mamas Handtasche liegt und die Handtasche unter ihrem Stuhl am Geldschalter steht? Der neue Fernseher hat so viele Knöpfe. Damit kenne ich mich noch nicht aus. Es rauscht. Es flimmert. Kein Bild. Mist!

Ich schaue mich um. In unserem Wohnzimmer sieht's jetzt fürchterlich aus. Als ob Einbrecher am Werk gewesen wären. Na und? Das hat Mama davon.

Ich gehe schnell wieder ins Bett. Mir ist kalt. Ich blättere im Fotoalbum. Halt! Da ist das Hochhaus. Unten fehlt ein Stück. Das Foto hab' ich gemacht.

Mensch, bin ich müde. Bloß nicht einschlafen! Man kann auch am Tag von Einbrechern träumen. Und wenn ich dann wach werde und Herzklopfen habe, bin ich allein. Als ich noch im Hochhaus wohnte, hab' ich immer gedacht: Wir wohnen ja ganz hoch oben. Bei uns kann kein Einbrecher einsteigen.

Matz wohnt noch im einzigen Hochhaus von Eichenstädt. In der siebten Etage. Mit Blick hinüber nach Biel. Wir haben früher in der sechsten Etage gewohnt. Direkt unter Möllers. Dreimal ans Heizungsrohr klopfen hieß: »Moni, komm rauf!!!« oder »Matz, komm runter!!!«

Seit drei Jahren wohnen wir hier in der Kastanienallee Nr. 1. Das ist das kleine alte Eckhaus mit den Efeuranken. Der Laden im Erdgeschoß hat nur ein Schaufenster. Wir wohnen in der Wohnung über dem Laden. Darüber ist keine Wohnung mehr. Nur das spitze Dach mit meinem Giebelfenster. Mit Blick hinüber zum Hochhaus.

Ein Hochhaus sieht jeder schon von weitem. Wer das Haus Kastanienallee Nr. 1 finden will, muß sehr gut aufpassen. Es liegt etwas versteckt hinter einer Feuerdornhecke. Im Sommer ist das Schild mit der Aufschrift »Gemischtwarenhandlung« kaum zu lesen. Überall Blätter. Im Herbst sieht das Haus lustig aus. Dann sind die Blätter an der Fassade rot und gelb. Und wenn alle abgefallen sind, kann man neben der Ladentür an der Hausmauer das Wort »Maßschneiderei« lesen. Natürlich nur, wenn man lesen kann. Ich konnte es vor drei Jahren, als wir eingezogen sind, noch nicht.

Das Haus Kastanienallee Nr. 1 hat früher dem Schneidermeister Butenschön gehört. Von ihm haben es Katharina und Fritz Butenschön geerbt. Vor dreißig Jahren. Damals waren die beiden 35 Jahre alt. So alt wie Mama und Papa jetzt.

Daß Butenschöns in diesem Jahr 65 Jahre alt wurden, wissen alle in Eichenstädt. Es gab nämlich einen Film über Butenschöns und ihren Laden im Regionalprogramm. Herr Bolte, der hier in Eichenstädt wohnt, arbeitet für das Fernsehen. Er ist mit einem Kameramann gekommen und hat gefilmt.

Außerdem hat vor einiger Zeit im »Bieler Boten« gestanden:

Dem Ehepaar Katharina und Fritz Butenschön, das in diesem Jahr 65 Jahre alt wurde, gehört der letzte Tante–Emma–Laden in unserer Gegend. Heute feiern die beiden ihr dreißigjähriges Geschäftsjubiläum. Das Foto zeigt Butenschöns vor ihrer Gemischtwarenhandlung. Leider trägt sich das Paar mit dem Gedanken, das Geschäft in Kürze zu schließen.

Ich wollte das nicht glauben. Aber Mama hat gesagt: »Es ist nicht einfach, in dem Alter noch schwere Kisten zu schleppen, jeden Tag hinter der Theke zu stehen und nett zu den Kunden zu sein.«
»Tante Butenschön ist nicht nett zu den Kunden. Bloß Onkel Butenschön«, hab' ich gesagt.
»Und wer schleppt die schweren Kisten, weil Onkel Butenschön Gicht in den Händen hat?«
»Meistens Tante Butenschön.«
»Richtig. Und die hat es im Rücken. Lange kann sie die Plackerei bestimmt nicht mehr durchhalten.«
Papa hat gemerkt, daß ich heulen mußte. »Abwarten und Tee trinken«, hat er gesagt. »Tante Butenschön will zumachen. Onkel Butenschön will es nicht. Was meinst du, wer von den beiden sich durchsetzt?«
»Tante Butenschön«, hab' ich gesagt. »Die ist größer, dicker und stärker. Was die sagt, wird gemacht.«
»Na, ich weiß nicht.« Papa war sich nicht so sicher. »Der Onkel Butenschön ist ein Schlitzohr. Bis jetzt hat er seine Katharina immer noch rumgekriegt.«
Hoffentlich hat Papa recht. Ich zerkratze eine besonders dicke Windpocke. Damals wollte ich nicht ins Haus von Butenschöns ziehen. Und jetzt kann ich mir gar nicht vorstellen, daß sie ihren Laden zumachen und ich nicht immer zu ihnen kann. Einfach so. Wenn mir danach ist. Und mir ist oft danach.

Wie Papa und ich uns schick anziehen mußten
und ich ein Wunderkind sein sollte

Ganz vorne im Fotoalbum klebt eine Anzeige aus dem »Bieler Boten«, darüber ein Foto von Butenschöns Haus. In der Anzeige steht:

Dachgeschoßwohnung mit Giebelzimmer zu vermieten.
Katharina und Fritz Butenschön, Eichenstädt,
Kastanienallee 1

»Nichts wie hin!« hat Mama damals gesagt. Papa und ich durften uns nicht einmal den Zeichentrickfilm mit dem Maulwurf zu Ende angucken. Ich mußte mich gründlich waschen. Papa mußte seinen guten Anzug anziehen und ich die neuen Jeans.
»Und benehmt euch anständig. Bohrt nicht in der Nase! Spuckt nicht auf den Fußboden! Und wackelt auf keinen Fall mit den Ohren!« hat Mama gesagt.
Immer diese komischen Ermahnungen! Papa und ich haben noch nie irgendwo auf den Boden gespuckt. Papa und ich können nicht mit den Ohren wackeln. Papa und ich bohren nur dann in der Nase, wenn wir glauben, daß uns niemand dabei zusieht. Trotzdem hatte es bis dahin noch nicht mit einer neuen, größeren Wohnung geklappt.
Katharina Butenschön hat groß und dick hinter der dunklen Theke vor dem hohen, mit Waren vollgestopften Regal gestanden.
»Was darf es sein?«
Es hörte sich an wie »Hände hoch oder ich schieße!« Und ein Ge-

sicht hat sie gemacht! Wie der Boxerhund vom alten Timpe im Haus neben dem Kindergarten. Vor dem haben alle Kinder Angst. Nicht vor Herrn Timpe. Vor seinem Boxer. Dabei hat der noch keinem Kind was getan. Nicht mal Matz, obwohl der ganz nah zu ihm hingegangen ist. Wenn Matz nämlich vor etwas Angst hat, geht er erst recht hin. Er will nicht lange und vielleicht ganz umsonst Angst haben. Das kann er nicht ausstehen. Er hat mir das verraten.

Ich hab' es mal gesehen, als Herr Timpe mit dem Hund aus seinem Haus kam. Matz ist auf die beiden zugegangen und hat Herrn Timpe gefragt: »Der beißt doch nicht, oder?« Herr Timpe hat den Kopf geschüttelt, und Matz hat dem Hund seine Hand vor die Schnauze gehalten. Zum Beschnuppern. Der Hund hat geschnuppert, gehechelt und geleckt. Dabei hat er ganz grimmig geguckt. Ich hätte mich nicht an ihn rangetraut.

Mama hat sich an Katharina Butenschön rangetraut. Aber sie hat vor lauter Aufregung vergessen zu sagen, daß wir wegen der Anzeige in der Zeitung kamen.

»Guten Tag«, hat sie gesagt. »Wir sind die Wiedemanns. Wir wohnen im Hochhaus da drüben, im sechsten Stock. Mein Mann ist Programmierer im Textilwerk in Biel. Ich arbeite seit ein paar Tagen hier in Eichenstädt bei der Sparkasse als Kassiererin. Wie vor meiner Ehe. Ich bin froh, daß ich dort wieder arbeiten kann. Die Arbeit macht mir Freude.

Aber es ist schwierig, wegen Moni. Sie kann die Haustür nicht allein aufschließen, und sie reicht noch nicht an den Fahrstuhlknopf für den sechsten Stock heran. Sie ist nämlich etwas klein für ihr Alter. Moni ist sechs. Die Menschen, die Fahrstühle herstellen, sollten auch an die Kinder denken. Große Menschen können sich bücken, aber die Kleinen können sich noch so sehr recken, sie schaffen es einfach nicht.«

»Und was habe ich damit zu tun? Ich kenne keinen Menschen, der

Fahrstühle herstellt.« Katharina Butenschön hat die Arme in die Hüften gestemmt und Mama scharf angesehen.

Ich wollte wieder gehen. Ich mochte die Frau nicht. Aber Papa hat einen Arm um meine Schultern gelegt und mich etwas näher zur Theke geschoben. »Das ist unsere Moni. Sie geht in den Kindergarten hinter dem Hochhaus. Es wäre schön, wenn sie auch in Zukunft hingehen könnte. Sie hat da einen Freund. Wir suchen eine größere Wohnung. Sie suchen neue Mieter. Ihr Haus hier in der Kastanienallee liegt für uns ideal. Können wir uns die Wohnung mal anschauen?«

»Fritz!« Katharina Butenschön hat in Richtung Hinterzimmer gerufen.

Aus dem Hinterzimmer kam ein kleiner, dünner Mann in den Laden.

»Fritz, wir wollen doch keine Mieter mit Kindern, nicht wahr?« Die Frau hat auf mich gezeigt.

Der Mann hat sich am Kopf gekratzt und gefragt: »Bist du ein Junge oder ein Mädchen?«

Ich hab' Mama vorwurfsvoll angesehen. Schon wieder einer! hab' ich gedacht. Mama ist nämlich schuld, daß mir der Friseur die Haare so kurz geschnitten hat. »Schneiden Sie ordentlich was runter!« hat sie zu ihm gesagt. Jetzt halten mich alle für einen Jungen.

»Ist doch egal, Fritz!« hat Katharina Butenschön gesagt. »Wir wollen weder Jungen noch Mädchen. Das war ausgemacht. Kinder machen Krach. Sie schreien den ganzen Tag herum und stampfen wie Elefanten durch die Wohnung. Wir hatten schon Ärger genug mit dem Mann von der Wach– und Schließgesellschaft und seinem Hund.«

Fritz Butenschön hat verlegen gelächelt und erklärt: »Der alte Mann hat bis vor zwei Wochen in der Wohnung oben gewohnt. Tagsüber hat er geschlafen und den Hund bei sich in der Wohnung gehabt. Der Hund sollte eigentlich auch schlafen. Aber er hat immerzu gebellt.«

»Ich belle nicht!« hab' ich gesagt, und dann hab' ich Katharina Butenschön angestarrt. Die starrte zurück. Es war wie bei dem Spiel, das Matz und ich manchmal machen. Wer hält das Anstarren länger aus, ohne zu lachen oder mit der Wimper zu zucken?

Mama hat uns gestört. Sie hat meine Hand genommen und gesagt: »Komm, Moni. Wir gehen. Und nur damit Sie es wissen, Frau Butenschön: Unser Kind ist etwas Besonderes. Es ist nämlich schon mit einem Schalldämpfer vor dem Mund zur Welt gekommen. Und an den Füßen hat es Luftkissen. Darauf schwebt es durch die Wohnung. Es berührt garantiert nie den Fußboden.«

Mama hat Papa angesehen und auf mich gezeigt. Papa hat sofort begriffen und leise gezählt. Bei drei haben Mama und Papa mich untergefaßt, leicht angehoben und in Richtung Tür getragen.

»Halt!« Katharina Butenschön versperrte uns den Weg. »So ein Wunderkind muß ich mir näher ansehen.« Zuerst hat sie mir auf den Mund gestarrt. Ganz lange. Dann hat sie meine Füße betrachtet. Ganz gründlich. Von allen Seiten. »Tatsächlich!« hat sie schließlich gebrummt. »Schalldämpfer und Luftkissen. Es gibt Sachen, die gibt's gar nicht. Fritz, zeig den Herrschaften die Wohnung!«

Schalldämpfer und Luftkissen? Und kein Augenzwinkern von Katharina Butenschön. Kein Lächeln. Nichts. Ich hätte beinah auf meine Füße geschielt. War da vielleicht irgend etwas anders als sonst? Nein. Sie fühlten sich ganz normal an.

Auf der Treppe, die zur Wohnung hinaufführt, hat Fritz Butenschön mir zugezwinkert. »Hast Glück mit deinen Eltern, Kind. Sie haben Humor. Das ist heutzutage eine Seltenheit. Meine Katharina versteht Spaß. Auch wenn es nicht so aussieht. Sie weiß natürlich genau, daß das mit dem Schalldämpfer und den Luftkissen nicht stimmt. Aber sie mag schlagfertige Menschen.«

»Wir auch«, hat Papa gesagt. Dann hat er wissen wollen, wie der Fernsehempfang in der Kastanienallee Nr. 1 ist. »Haben Sie ein gutes Bild?«

»Das schon«, hat Fritz Butenschön gesagt.

»Aber?« hat Papa gefragt.

»Aber ich bin nicht so fürs Fernsehen. Meine Katharina schon. Sie sagt immer: ›Wir machen den Laden dicht. Und dann machen wir uns das Leben schön.‹ Ich weiß, was das bedeutet. Sie sieht fern, und ich langweile mich. Mir bekommt es nicht, wenn ich zu oft vor dem Fernsehapparat sitze. Ich träume dann in der Nacht Kraut und Rüben durcheinander. Mit Bildsalat im Kopf schläft es sich schlecht.«

Bildsalat! Das Wort gefiel mir. Dieser Fritz Butenschön gefiel mir auch. Aber das Wort *schlag*fertig und diese Katharina Butenschön wollten mir überhaupt nicht gefallen.

Wie Onkel Butenschön mir erklärte, was ein
Plumpsklo ist, und ich deswegen eine »Heidi«–Folge
im Fernsehen verpaßte

Fritz Butenschön mochte uns. Das hab' ich ihm angemerkt. Er hat
so getan, als ob die Wohnung ein Königspalast wäre. Gerade gut
genug für einen König, eine Königin und ihre Tochter. »Und hier
aus dem Giebelfenster hat Ihre Prinzessin einen herrlichen Blick
auf den Gipfel des Hochhauses! Sehen Sie ihn am Horizont?«
Tatsächlich, das Hochhaus!
Ich konnte hoch über den Dächern der anderen Häuser die sechste
und siebte Etage sehen. Was hatte dieser Fritz Butenschön gesagt?
Irgendwas vom Gipfel des Hochhauses oder so. Gipfel? Gipfel!
Berge! Heidi! In der letzten Fernsehfolge wollte Heidi von Frank-
furt aus die Berge sehen. In einer halben Stunde ungefähr mußte
die neue Folge dran sein.
»›Heidi‹ kommt gleich!« hab' ich gesagt und wollte Mama wegzie-
hen.
»Deine Freundin?« Fritz Butenschön hat mich fragend angesehen.
Ich hab' mir die Hand vor den Mund gehalten, um nicht laut loszu-
lachen.
»Heidi ist ein Kind aus einer Fernsehserie«, hat Mama erklärt.
»Aber das ist jetzt nicht so wichtig.«
Was? Nicht wichtig? Für jedes Kind ist eine neue »Heidi«–Folge
wichtiger als eine neue Wohnung. Ich wollte sowieso lieber im
Hochhaus bleiben. Ich hab' gedacht: Wenn wir keine passende
Wohnung finden, hört Mama auf zu arbeiten. Dann bleibt Mama
wieder zu Hause.
Während Mama und Papa noch überlegten, in welche Wohnzim-

merecke sie den Fernseher stellen sollten, rief Fritz Butenschön: »Und hier das Badezimmer!« Er riß die Tür auf.

Mama quetschte sich zwischen Waschbecken und Badewanne hindurch. »Ziemlich eng hier, was?«

»Geräumig ist es nicht gerade«, sagte Papa.

»Kommt!« Ich wollte gehen. Die »Heidi«–Folge! Das Badezimmer im Hochhaus war viel größer und schöner. Ich wollte es behalten.

Fritz Butenschön hat etwas beleidigt ausgesehen. »Wir haben die Badezimmer in der unteren und oberen Wohnung nachträglich einbauen lassen. Das Haus ist sehr alt. Als ich ein Kind war, holten wir das Wasser aus einem Brunnen neben dem Haus. Es gab weder eingebaute Toiletten noch Badewannen. Es gab nur ein Plumpsklo hinter dem Haus. Wenn Badetag war, holten meine Eltern eine schwere Zinkbadewanne aus dem Keller. Gebadet wurde nur samstags. Wir fünf Kinder stiegen nacheinander in die Wanne. Und alle in dasselbe Badewasser. Wasser war kostbar. Du kannst dir nicht vorstellen, Moni, wie viele Töpfe Wasser nötig waren, um die Wanne zu füllen. Es mußte mehrmals hintereinander in einem großen Topf auf dem Kohleherd heißgemacht werden. In dem Topf wurde auch die Wäsche gekocht.«

»War eure Waschmaschine kaputt?«

»Nein.« Fritz Butenschön hat laut gelacht. »Elektrische Waschmaschinen waren zu der Zeit noch nicht erfunden. Die Wäsche wurde nach dem Kochen auf einem Waschbrett gerubbelt. Wir haben noch eins im Keller. Willst du es sehen?«

»Fritz! Das alte Waschbrett interessiert das Kind bestimmt nicht«, hat Katharina Butenschön heraufgerufen. Aber es hat mich interessiert. Ich wollte auch wissen, was ein Plumpsklo ist.

Fritz Butenschön erklärte: »Jeder, der mal mußte, ging früher in den Garten hinter dem Haus. Dort stand ein Holzhäuschen mit einem Herzguckloch in der Tür. Das Häuschen stand über einer tief ausgehobenen Grube. Innen setzte man sich auf einen einfachen

Holzkasten mit Loch und ließ es plumpsen. War die Grube noch ziemlich leer, dauerte es lange, bis man den Plumps hörte, war die Grube fast voll, plumpste es ziemlich schnell und spritzte.«

»Und der Drücker für die Wasserspülung?«

»Keine Wasserspülung. Freier Fall. Das Häuschen wurde versetzt, wenn die Grube voll war. Wir haben eine Menge Gruben im Garten ausgehoben.« Fritz Butenschön hat breit gegrinst.

»Moni nimmt sich immer Bilderbücher mit aufs Klo«, sagte Papa.

»Auf dem Plumpsklo hätte sie sicher nicht so lange Sitzungen gemacht. Im Winter war's bestimmt sehr kalt in dem Häuschen.«

»Und ob«, sagte Fritz Butenschön und lachte.

Ich war sauer. Ich hab's nicht gern, wenn man mich verpetzt. Was ich auf dem Klo tue, geht keinen was an.

»Ich nehm' die Bilderbücher nur mit, wenn Mama und Papa sich scheußliche Filme im Fernsehen ansehen«, hab' ich gesagt. »Solche vom Krieg oder so. Dann schließ' ich mich ein und bleib' sitzen, bis der Film vorbei ist. Ich denk' immer, es könnte noch mal so ein Krieg kommen. Mama mag die Filme auch nicht. Sie hält sich manchmal ein Couchkissen vors Gesicht.«

»Ja, ja, der Krieg«, sagte Fritz Butenschön. Als er aber von seiner Kriegsgefangenschaft in Rußland erzählen wollte, sagte Mama schnell: »Das Badezimmer ist auf jeden Fall besser als die Zinkbadewanne im Keller und das Plumpsklo im Garten.« Wir sind nach unten in den Laden gegangen.

»Sie wollen die Wohnung mieten?« Katharina Butenschön stand auf der Leiter und stellte Konservendosen ins Regal.

Mama und Papa haben kurz überlegt und genickt. Mich haben sie nicht gefragt. Sie redeten über die Miete und darüber, wie oft Mama die Treppe fegen sollte und den Keller.

Ich hab' mir in der Zeit diese Katharina Butenschön genauer angeschaut. Die war mir unheimlich. Ich hatte mal einen Fernsehfilm gesehen, darin hatte ein Junge einem Zauberer sein Lachen verkauft. Vielleicht war dieser Zauberer auch mit Katharina Butenschön zusammengetroffen. Wie war das noch mit Menschen, die ihr Lachen verkauft hatten? Konnten die nicht dafür hexen oder so? Ich hab' überlegt und überlegt. Es war wie verhext. Es fiel mir nicht ein.

Während Mama und Papa mit Butenschöns ausmachten, wann wir einziehen sollten, hab' ich genau aufgepaßt, ob diese Katharina Butenschön nicht doch mal lachte. Zum Beispiel über einen Witz von Papa. Denkste. Kein Lachen. Die Frau gefiel mir nicht.

Aber der Laden, der gefiel mir. Die hohen, dunklen Regale, vollgepackt mit Waren. Die große, alte Uhr über der Tür vom Hinterzimmer. Die alte Registrierkasse mit den silbernen Knöpfen, die klingelte, wenn man die Kurbel drehte. Und dann der Geruch! Seifenpulver. Käse. Bohnerwachs. Kakao. Kaffee. Sauerkraut. Apfelsinen. Schuhcreme. Birnen. Rollmöpse. Ich roch alles durcheinander und auch wieder einzeln. Und die Bonbongläser! Riesengroß. Ich hab' die Augen halb zugekniffen und gedacht: Alle Kinder aus meiner Kindergartengruppe stehen hier im Laden, und ich sage: »Greift nur zu! Ich wohne hier!«

Aus der Traum. Mama wollte was wissen. »Hört man oben in der Wohnung eigentlich das Scheppern der Türglocke und das Klingeln der Kasse?«

»Tja, zu hören ist das schon«, sagte Katharina Butenschön. »Aber keine Sorge! Es scheppert und klingelt nicht mehr oft. Seit sie gegenüber den Supermarkt eröffnet haben, verdienen wir hier nicht mehr das Salz in der Suppe. Deswegen machen wir unseren Laden über kurz oder lang dicht.«

»Sie wollen den Laden schließen? Für immer?« Papa tat es leid. Das hab' ich ihm angesehen.

»Schade«, sagte Mama. »Ich vergesse oft, Zucker zu kaufen oder Salz. In so einem Fall hätte ich Moni schnell runterschicken können.«

»Recht so!« Katharina Butenschön machte ein noch grimmigeres Gesicht als vorher. »Hast du was im Supermarkt vergessen, geh zu Butenschöns. Möglichst in der Mittagszeit, wenn die zwei sich etwas aufs Ohr gelegt haben, oder nach Feierabend. So machen es die meisten. Es kommen fast nur noch Kinder und alte Leute aus dem Altersheim am Ende der Straße. Es lohnt sich nicht mehr.«

»Ach was. Wir haben noch eine Menge treuer Kunden«, sagte Fritz Butenschön. »Wir machen noch eine Weile weiter.«

»Das wollen wir doch mal sehen!« Katharina Butenschön sah jetzt zum Fürchten aus, und Fritz Butenschön flüsterte mir zu: »Dicke Luft! Komm, Moni! Ich zeig' dir das Waschbrett im Keller.«

An der Kellerwand lehnte ein Holzbrett mit zwei Beinen. Darauf war ein quergewelltes Blech geschraubt. Ich war ziemlich enttäuscht. Aber dann hab' ich an der Wand die Boxhandschuhe entdeckt.

»Ich war mal Bezirksmeister im Fliegengewicht.« Fritz Butenschön nahm die Boxhandschuhe von der Wand und zeigte mir, wie man trockene, kurze Haken schlägt. Dazu durfte ich die Boxhandschuhe überziehen. Ich bin damit nach oben in den Laden gerannt.

»Seht mal! Boxhandschuhe! Ganz echte!« Leider wollte Papa nicht, daß ich den trockenen, kurzen Haken an ihm ausprobierte.

»Aber Fritz! Hast du schon wieder einem Kind diese schrecklichen Schläge gezeigt? Und noch dazu einem Mädchen?« Katharina Butenschön hat die Fäuste geballt und ist auf ihren Mann losgegangen.

»Halt! Moni hat es so gewollt!« Der Fliegengewichtler Fritz Butenschön ist hinter der Theke in Deckung gegangen. »Los! Sag schnell, daß du es wolltest!« hat er mir zugeflüstert. »Meine Frau besiegt mich immer bei Boxkämpfen. Sie ist Halbschwergewicht. Dagegen bin ich machtlos.«

»Frauen dürfen keine Männer schlagen«, hab' ich laut gesagt. »Und erst recht nicht, wenn die kleiner sind als sie.«

»Da hörst du es, Katharina! Jedes Kind weiß das. Nur du nicht.«
Fritz Butenschön kam hinter der Theke hervor und zwinkerte mir
zu.

»Die zwei machen nur Spaß, Moni!« sagte Papa und lachte.

Spaß? Diese Katharina Butenschön sah nicht spaßig aus. Der
traute ich alles zu. Alles.

Wie ich einen Werwolf traf und dieser Matz
kennenlernen wollte

Ich hab' Katharina Butenschön angesehen. Sie hat mich angesehen. Nur nicht zwinkern! hab' ich gedacht. Gelacht hätte ich sowieso nicht. Dazu hatte ich viel zuviel Angst vor ihr.

»Kannst Tante und Onkel Butenschön zu uns sagen!« Katharina Butenschön hielt mir ihre Hand hin. »Hier! Schlag ein!«
Ich hab' Mama und Papa angesehen. Mamas Handbewegung bedeutete: »Na los!« Papas Stirnrunzeln und die ungeduldige Kopfbewegung sollte: »Nun mach schon!« heißen.
Ich hab' gedacht: Na gut. Auf eure Verantwortung.
Tante Butenschön drückte meine Hand viel zarter, als ich erwartet hatte.

»So, jetzt bin ich an der Reihe!« Das war Onkel Butenschön. Er lächelte freundlich und hielt mir seine Hand hin.
Seine Hand! Sah das denn niemand? Die Finger! Ganz verbogen. Dicke Knoten an den Gelenken und auf dem Handrücken dunkle Haare. Der Werwolf!
Immer und immer wieder hatte ich von ihm geträumt. Jetzt war es passiert. Ich stand ihm gegenüber. Waren Onkel Butenschöns Hände vorhin schon so? Im Keller hatte ich nichts davon bemerkt. Nein. Bestimmt verwandelte er sich gerade. Ich will im Hochhaus bleiben, hab' ich gedacht. Ich hab' Angst.

»Ist was, Kind?« Onkel Butenschön nahm meine Hand in seine beiden Hände.
Ich hab' nicht antworten können. Ich dachte nur: Wie war das noch? Wurde nicht jeder Mensch automatisch zum Werwolf, der ei-

nem Werwolf die Hand gab? Oder mußte der Werwolf ihn erst beißen?

Mama strich mir übers Haar. »Ich glaube, Moni ist traurig. Ihr wird
jetzt klar, daß sie das Hochhaus verlassen wird. Im Hochhaus
wohnt Matz. Maximilian Möller ist Monis Freund. Die beiden sind
unzertrennlich.«

»Das waren meine Katharina und ich als Kinder auch«, sagte Onkel Butenschön und ließ meine Hand los. Eigentlich sah er ganz
harmlos aus. Aber ich wußte: Auch die nettesten Menschen konnten ganz plötzlich zu Werwölfen werden. Ich hatte es gesehen, mit
eigenen Augen. Als ich allein zu Hause war. Weil es im ersten Programm bloß Sport gab und im zweiten Politik, hab' ich auf den
Einschaltknopf vom Videorecorder gedrückt. Es war eine Cassette
drin. Die mit dem Werwolffilm. Danach hab' ich die schrecklichen
Bilder vom Werwolf immerzu vor mir gehabt.

Kein Wunder, daß diese Tante Butenschön nie lacht, hab' ich gedacht. Sie kennt das schreckliche Geheimnis. Sie muß bei ihrem
Mann bleiben, obwohl er ein Werwolf ist.

Mama und Papa hatten sich inzwischen von Butenschöns verabschiedet. Ich wollte hinter ihnen herlaufen. Raus aus dem dunklen
Laden, rein in den Sonnenschein. Erst mal umdrehen, hab' ich gedacht. Möglichst langsam und unauffällig. Geschafft! Und jetzt
nichts wie weg!

»Warte.« Mensch, bin ich zusammengezuckt! Hatte Onkel Butenschöns Stimme vorher schon so heiser und rauh geklungen?

»Deinen Freund Matz möchte ich gern mal kennenlernen«, sagte er
freundlich und legte mir eine Hand auf die Schulter. Es hat sich so
angehört, als wollte er sagen: »Ich habe kleine Jungen zum Fressen
gern.«

Ich hab' gedacht: Onkel Butenschön darf auf keinen Fall merken,
daß ich sein Geheimnis kenne. »Ich weiß nicht, ob Matz Zeit hat
und mitkommen will«, hab' ich gerufen und bin, so schnell ich

konnte, hinter Mama und Papa hergerannt. Mit den beiden konnte ich nicht über meine Angst reden. Sie hätten mir bloß das Fernsehen verboten.

Wie Matz am liebsten sofort die größten
Bonbongläser der Welt sehen wollte und ich ihn
davon abhielt

Ich hätte Matz nichts von Butenschöns Laden und von den größten Bonbongläsern der Welt erzählen sollen. Ihm lief beim Gedanken daran schon das Wasser im Mund zusammen.

»Himbeer– und Brombeerbonbons? Seidenkissenbonbons und Riesenlutscher?«

Ich nickte.

»Los, komm! Das will ich sehen!«

»Nein«, hab' ich gesagt. »Das ist viel zu gefährlich.«

»Was ist gefährlich?«

»Sagst du es auch keinem weiter?« hab' ich gefragt. Matz hat es fest versprochen.

»Onkel Butenschön hat ein schreckliches Geheimnis«, hab' ich ihm ins Ohr geflüstert. »Nur seine Frau kennt es. Und ich. Sie hat seinetwegen ihr Lachen verkauft. Sie kann dafür jetzt hexen. Das muß sie auch können. Ihr Mann ist nämlich ein Werwolf.«

»Ein Werwolf?«

»Ja. Ein Werwolf ist ein Mensch, der sich in einen Wolf verwandeln kann. Und wenn er sich verwandelt hat, muß ja schließlich jemand da sein, der ihn zahmhext. Genau weiß ich das auch nicht. Ist aber doch klar, daß wir nicht ohne Mama und Papa hingehen können, oder?«

Matz war gar nichts klar. »Ha, ha, ha, ha! Das war das große Geheimnis? Du spinnst, Moni!«

»Und du hast keine Ahnung!« hab' ich ihn angeschrien. Es ist schrecklich, wenn man einen Freund hat, der sich nicht mal einen richtigen Werwolf vorstellen kann. Mensch, war ich wütend. »Paß auf!« hab’ ich gesagt. »Ich krieg’ jetzt überall Fell, und mir wachsen Pfoten mit Krallen.«

Dann hab’ ich Grimassen geschnitten, wie ein Wolf geheult, gekratzt und gebissen. Und am Schluß hat Matz nicht mehr gelacht.

Am Abend hat bei uns das Telefon geklingelt. Papa nahm den Hörer ab. »Du und Moni, ihr sollt zu Möllers raufkommen«, hat er zu Mama gesagt. »Es ist angeblich dringend.«

Peter, der große Bruder von Matz, hat uns die Wohnungstür aufgemacht. Damals wohnte er noch bei seiner Mutter. »Tag!« hat er gesagt. »Gehen Sie lieber nicht rein! Mama ist wütend.«

Frau Möller war wirklich schrecklich aufgeregt. Sie schob Peter beiseite und zog Mama und mich in die Wohnung. Matz mußte seinen rechten Arm zeigen.

»Wissen Sie, daß Ihre Moni immer Werwolf spielt?«

Immer? Einmal hatte ich Werwolf gespielt. Nur einmal.

»Hier! Sehen Sie!« Frau Möller hatte einen hochroten Kopf. »Ihre Moni hat Matz gebissen. Als Werwolf. Alle Zähne sind abgedrückt. Und das ist noch nicht alles. Matz, zeig mal deinen Hals!«

Matz wollte ihn nicht zeigen. Frau Möller kümmerte sich nicht darum. Sie knöpfte einfach sein Hemd auf. Zwei rote Kratzer waren am Hals zu sehen. Bloß zwei.

»Und an der guten Latzhose von Matz fehlen zwei silberne Hosenträgerknöpfe!« Frau Möller hielt Mama die Latzhose unter die Nase. »Die Knöpfe hat Moni abgerissen. Stimmt es, Matz?« Matz nickte.

Das hat man davon, wenn man einen Menschen an seinen Hosenträgern zurückhält und retten will, hab’ ich gedacht und mit den silbernen Knöpfen in meiner Hosentasche geklimpert. Die waren jetzt mein Talisman. Ich hatte sie aufgehoben, als Matz wegrannte. Er sah vielleicht komisch aus! Seine Latzhose war heruntergerutscht, und er versuchte, sie beim Laufen wieder hochzuziehen.

hen. Die beste Clownnummer im Fernsehen war nichts dagegen. Ich mußte lachen, als ich daran dachte.

»Das mit dem Beißen und mit der Hose ist nicht zum Lachen, Moni.« Mama schüttelte mich. »Warum hast du das gemacht?«

Ich hab' nichts gesagt. Ich war froh, daß Matz nichts von Butenschöns erzählt hatte.

»Das Fernsehen ist an allem schuld«, schimpfte Frau Möller. »Moni sieht viel zuviel fern. Ein Kind in dem Alter und ein Werwolffilm! Und wer weiß, was sie sonst noch alles sieht. Mord, Totschlag und Schlimmeres.«

Während ich überlegt hab', was schlimmer sein sollte als Mord und Totschlag, hat Mama gesagt: »Früher haben sich Kinder auch gestritten und gekloppt. Damals, als es noch keine Fernseher gab.«

»Stimmt«, sagte Peter. »Und es ist blöd, daß wir keinen haben. Alle anderen haben einen. Ich kann nie mitreden, wenn die anderen über Krimis sprechen oder so. Du weißt gar nicht, wie doof das ist.«

»Halt den Mund, Peter!« Frau Möller wollte nichts mehr hören. Und Peter hat nichts mehr gesagt, obwohl er damals schon fünfzehn Jahre alt war und viel größer als seine Mutter.

»Moni sieht sonst nur Sendungen für Kinder«, sagte Mama. Manchmal kann sie unheimlich gut lügen.

»Ich bin froh, daß ich nicht arbeiten muß«, sagte Frau Möller. »Wenn man den ganzen Tag berufstätig ist, sind die Kinder sich selbst überlassen. Sie sehen ja, was dabei herauskommt. Wissen Sie, was Moni allein zu Hause macht, wenn sie aus dem Kindergarten kommt?«

»Moni ist nicht vernachlässigt, nur weil ich seit kurzer Zeit wieder arbeite.« Mama war wütend. »Moni wird dadurch sehr selbständig. Es kann auch schlecht für Kinder sein, wenn sie zu sehr bemuttert werden. Ihr Matz kann sich ja noch nicht einmal die Schuhe allein zubinden.«

»Gar nicht wahr. Kann ich doch«, sagte Matz. Er zog sich die

46

Schuhbänder auf und versuchte, sie wieder zuzubinden. Sein Bruder Peter grinste breit. Obwohl Matz einen roten Kopf vor Anstrengung hatte, durfte ich ihm nicht helfen. Matz wollte es nicht.

»Laß doch, Matz!« sagte Frau Möller. »Es ist gar nicht so wichtig, ob sich ein Kind die Schuhe zubinden kann oder nicht.«

»Ist es doch«, sagte Matz und zeigte stolz auf einen Schuh, der fast richtig zugebunden war.

»Prima, Matz!« sagte Mama. »Wer hat dir das beigebracht?«

»Moni. Unten bei euch.«

»Fein, daß ihr euch so gut versteht«, sagte Mama. »Komm du nur, sooft du Lust hast.«

»Ich will das nicht mehr«, sagte Frau Möller. »Ich verzichte im Interesse meiner Kinder auf einen Fernseher. Und Matz sieht heimlich bei Moni fern. Vielleicht sogar Werwolffilme. Dreimal ans Heizungsrohr klopfen heißt: ›Die Luft ist rein. Kannst kommen!‹«

»Nein«, hab' ich gesagt. »Der Matz hat den Film nicht gesehen. Das hab' ich heimlich gemacht. Das wußten nicht mal Mama und Papa. Wenn Matz mal kommt, während ich fernsehe, fragt er immer dazwischen und stört. Dann mache ich den Apparat aus. Matz weiß ja nicht mal, wer der Samson aus der ›Sesamstraße‹ ist. Im Kindergarten lachen sie ihn schon aus deswegen.«

»Es ist mir egal, ob die Kinder über ihn lachen oder nicht«, hat Frau Möller gesagt. »Du gehst mir nicht mehr zu Wiedemanns in die Wohnung, Matz. Verstanden?«

Ich hab' Matz angesehen und gedacht: Jetzt wird die Frau Möller aber was erleben. Jetzt wird Matz schreien, daß er weiter zu mir will, daß ich seine Freundin bin und so. Denkste. Matz hat zu Boden gesehen und genickt. Mensch, war ich wütend.

»Wenn du nicht mehr zu mir kommst, geh' ich auch nicht mehr zu dir!« hab' ich ihn angebrüllt.

»Mir doch egal«, hat Matz gesagt. Aber es war ihm nicht egal. Das hab' ich ihm angesehen. Ich kenn' doch den Matz.

»Du Feigling!« hab' ich geschrien.

Mama hat mich aus Möllers Wohnung gezogen. Peng! Tür zu! Von da an haben sich Mama und Frau Möller nur noch höflich zugenickt, wenn sie sich sahen. Sonst nichts.

Matz und ich haben es nur einen Tag ausgehalten. Dann waren wir wieder unzertrennlich. Morgens haben wir im Kindergarten zusammengehockt. Mittags sind wir gemeinsam nach Hause gegangen. Nachmittags haben wir uns auf dem Spielplatz beim Hochhaus getroffen. Ich hab' bloß abends ferngesehen. Mit Papa. Nachmittags kaum, höchstens mal bei Regenwetter.

Daß Mama und Frau Möller nicht mehr miteinander sprachen, hat mir nicht gepaßt.

»Ach die!« hat Matz gesagt. »Die müssen sich irgendwann wieder vertragen. Spätestens bei der Hochzeit.« Matz und ich hatten nämlich vor längerer Zeit beschlossen zu heiraten. Sechs Kinder wollte ich haben. Mindestens. Drei Jungen und drei Mädchen. Matz war damit einverstanden. Aber dann hab' ich es mir anders überlegt. Ich wollte die Kinder lieber adoptieren. Ich hatte nämlich in der Tagesschau Kinder aus Äthiopien gesehen. Die hatten ganz dicke Bäuche vor Hunger, viele Fliegen im Gesicht und keine Eltern mehr.

Matz hat den Kopf geschüttelt. Er wollte keine fremden Kinder. Er wollte eigene. Er hat mir auch nicht glauben wollen, daß Kinder, die schon fast verhungert sind, dicke Bäuche haben. Das kommt davon, wenn Mütter wie Frau Möller etwas gegen das Fernsehen haben. Dann haben ihre Kinder keine Ahnung und machen einem nichts als Ärger.

»Du bist doof«, hab' ich zu Matz gesagt.

»Und du bist gemein«, hat Matz zu mir gesagt. Aber verkracht haben wir uns deswegen nicht. Wir haben es uns nur anders überlegt. Das mit der Heirat und so.

»Sei nicht traurig!« hat Mama zu mir gesagt. »Stell dir vor, du hättest Frau Möller als Schwiegermutter gekriegt.« Ich hab' gelacht. Ich und eine Schwiegermutter! Ich konnte mir das einfach nicht vorstellen.

Was mit Onkel Butenschöns Händen los war, und
wo Tante Butenschön ihr Lachen und
ihr Weinen aufhob

In meinem Fotoalbum klebt auch ein Foto vom Umzug. Frau Möller und Mama in der alten Wohnung. Mama mit Besen, Frau Möller mit Wassereimer und Schrubber.

Waren wir überrascht, als die drei Möllers plötzlich in unserer Wohnung im Hochhaus standen! Sie wollten beim Umzug helfen. Papa fand das prima. Mama wußte zuerst nicht, wie sie das finden sollte. Aber als sie sah, wie alle zupackten, hat sie sich gefreut.

Als alles im Möbelwagen verschwunden und die Wohnung sauber

war, hat Frau Möller Mama die Hand gedrückt und ihr viel Glück in der neuen Wohnung gewünscht. Sie hat Mama sogar in den Arm genommen und gesagt, daß sie uns in der neuen Wohnung besuchen wird. »Ich bin manchmal etwas heftig. Tut mir leid.«

Mama bekam feuchte Augen, und ich hab' gedacht, daß ich Matz vielleicht doch heiraten könnte. Aber der wollte plötzlich nicht mehr. Er wollte lieber allein leben. Ohne Frau und ohne Kinder, auf einer Insel. Wie Robinson. Tante Anja vom Kindergarten hatte uns die Geschichte erzählt.

Matz und ich mochten Tante Anja sehr. Sie wußte eine Menge gute Spiele, und wenn die Sonne schien, machte sie oft kleine Ausflüge mit uns. Am Tag nach dem Umzug sagte sie: »Was haltet ihr von einem Spaziergang in Richtung Kastanienallee? Ihr könnt euch mal das Haus ansehen, in dem Moni jetzt wohnt.«

Alle waren begeistert. Matz hatte ihnen schon von dem Laden und den großen Bonbongläsern erzählt.

»Und der Werwolf?« hab' ich ihn leise gefragt. Ich hatte wirklich große Angst vor ihm. In der ersten Nacht in der Kastanienallee hab' ich bei Mama und Papa geschlafen. Ich bin immer wieder aufgewacht und hab' gedacht: Hoffentlich holt sich der Werwolf nicht Mama und Papa. Ich hab' auf alle Geräusche geachtet. Ob jemand heulte oder knurrte. Am Morgen war ich naßgeschwitzt. Mama und Papa haben gedacht, ich hätte Fieber.

Matz hat meine Hand genommen und mich zu Tante Anja gezogen. »Moni hat Angst vor dem Werwolf!« hat er gesagt.

So ist Matz. Redet einfach drauflos. Und von Sachen, die streng geheim sind.

Alle wollten wissen, was ein Werwolf ist. Selbst Tante Anja wußte es nicht. Ich hab' von dem Fernsehfilm erzählen müssen und vorgemacht, wie aus einem Menschengesicht ein Wolfsgesicht wird. Wie aus Händen Pfoten werden. Wie der Werwolf hechelt und knurrt. Wie heißer Qualm aus seinem Mund kommt.

Tante Anja hat gestaunt. »Und was hat der Werwolf mit Buten-schöns Laden zu tun?«

Ich hab' Matz mit dem Ellbogen in die Rippen gestoßen und »Psst!« gemacht. Es hat nichts genützt.

Matz hat sich an die Stirn getippt. »Der Mann, dem der Laden ge-hört, ist ein Werwolf, sagt Moni.«

Jetzt war es heraus. Tante Anja lachte. »Du lebst ja richtig gefähr-lich, Moni. Daß deine Eltern überhaupt in das Haus gezogen sind, wundert mich.«

»Kinder fragt ja keiner«, hab' ich gesagt.

»Wir können ruhig zu dem Laden mit den großen Bonbongläsern gehen«, sagte Matz. »Die Frau von dem Mann in dem Laden hat nämlich ihr Lachen verkauft. Dafür kann sie jetzt hexen. Sie hext ihren Mann immer zahm, wenn der sich mal wieder in einen Wer-wolf verwandelt, sagt Moni.«

»Zieht euch an!« sagte Tante Anja. »Einen Mann, der sich in einen Werwolf verwandeln kann, und eine Frau, die ihr Lachen verkauft hat, muß ich unbedingt kennenlernen. Glaubt ihr, daß es solche Menschen gibt?«

Wir waren zehn Kinder. Fünf glaubten es. Fünf nicht. Aber alle gingen mit. Matz nahm meine Hand. »Brauchst keine Angst zu ha-ben. Wir sind ja bei dir!«

Der hat gut reden, hab' ich gedacht. Matz wohnt nicht, wo ich wohne.

Onkel und Tante Butenschön standen hinter der Theke. »Hallo, Anja!« sagte Onkel Butenschön und strahlte übers ganze Gesicht.

»Was darf es sein?« fragte Tante Butenschön.

»Zehn Tafeln Sonnenschein?« Das war Onkel Butenschön.

»Nein, zehn kleine Negerlein«, antwortete Tante Anja.

Tante Butenschön hielt die Hand auf. Tante Anja legte abgezähltes Geld hinein. Onkel Butenschön holte eine Schachtel mit zehn Ne-gerküssen aus dem Regal und öffnete sie. Tante Anja nickte uns zu. Wir durften zugreifen. Tante Anja ist gemein, hab' ich gedacht. Sie hat so getan, als ob sie Butenschöns erst kennenlernen müßte. Dabei kennt sie sie gut.

»Da staunt ihr, was?« Tante Anja lachte. »Ich hab' hier schon eingekauft, als ich so alt war wie ihr.« Sie schob mich zur Theke. »Alle waren neugierig auf das Haus, in dem Moni jetzt wohnt.«

»So, so.« Tante Butenschön sah grimmig auf uns herab. »Moni wohnt aber oben und nicht hier bei uns im Laden.«

Matz drängte sich vor. Er sah Tante Butenschön herausfordernd an und sagte: »Lach mal!«

»Hier gibt's nichts zu lachen!« sagte Tante Butenschön. »Oder siehst du was?«

Matz sah sich um. Er sah Onkel Butenschöns Hände, trampelte aufgeregt von einem Bein auf das andere und fragte schnell: »Warum hast du so krumme Hände?«

Plötzlich war es ganz still im Laden.

Onkel Butenschön, der gerade noch freundlich gelächelt hatte, runzelte die Stirn, streckte die Arme nach Matz aus und sagte mit rauher Stimme: »Damit ich dich besser packen kann.«

Kaum war der Satz heraus, rannte Matz auch schon laut schreiend aus dem Laden.

»Halt!« Tante Anja stürzte hinter ihm her.

Die anderen Kinder standen wie festgewurzelt da und starrten Onkel Butenschön an. Ob er sich jetzt verwandelte?

»Das war doch nur ein Witz!« stammelte Onkel Butenschön und sah seine Frau verwirrt an. »Ich hab's wie im Märchen gemacht: ›Großmutter, warum hast du so große Hände?‹ – ›Damit ich dich besser packen kann.‹«

»Du und deine dummen Witze!« sagte Tante Butenschön ärgerlich.

Als Tante Anja mit Matz in den Laden zurückkam, wunderte sich Onkel Butenschön gerade lautstark über den Angsthasen. Matz wurde knallrot.

»Matz ist kein Angsthase!« hab' ich gesagt.

»Stimmt!« sagte Tante Anja. »Matz hat sogar den Stier bei den Hörnern gepackt, indem er gefragt hat. Moni hat nämlich vorher alle bange gemacht. Ein gewisser Fritz Butenschön soll ein Werwolf sein. Und seine Frau, eine gewisse Katharina Butenschön, hat angeblich ihr Lachen verkauft, um ihn zahmhexen zu können.«

»Was?« Onkel Butenschön konnte es nicht fassen. »Ich? Ein Werwolf? Donnerwetter! Du traust mir aber allerhand zu, Moni. Hast du etwa diesen gräßlichen Film gesehen? Das kann nicht sein. Der lief doch ganz spät am Abend. Von dem hab' ja sogar ich Alpträume gekriegt.« Onkel Butenschön legte seine Hand unter mein Kinn und hob es etwas an. Ich mußte ihn ansehen, ob ich wollte oder nicht. Ich hab' die knochige, knotige Hand gefühlt und geflüstert: »Papa hatte den Film auf Video aufgenommen.«

»Hast du ihn dir ganz allein angesehen?« Das war Tante Butenschön. Ich nickte.

»Warum hast du nicht sofort wieder abgeschaltet?« Das war Tante Anja.

»Das ging nicht. Ich konnte mich nicht rühren. Es war zu schrecklich.«

Onkel Butenschön sah auf seine Hände. »Schau mal, Moni. Das hier in meinen Händen, das ist die Gicht. Die Krankheit haben viele alte Leute. Mußt mal drauf achten.«

Tante Butenschön stapelte Keksdosen und brummte: »Wenn das Gerücht vom Werwolf und der Hexe die Runde macht, traut sich niemand mehr in unseren Laden. Dann können wir sofort dichtmachen.«

»Ach was!« Tante Anja zeigte auf uns. »Ich hab' doch lauter neue Kunden mitgebracht.«

»Schöne Kunden!« brummte Tante Butenschön.

Onkel Butenschön mußte plötzlich laut lachen. Er zeigte auf seine Frau und fragte: »Wie war das noch? Lachen verkauft? Ha, ha, ha!

Siehst du, Katharina? Ich hab' dir ja schon immer gesagt: Du bist nicht freundlich genug zu den Kunden.«

»Für Freundlichkeiten bist du zuständig«, sagte Tante Butenschön. Sie schnappte sich eine Mineralwasserkiste und schleppte sie vor die Tür.

Tante Anja meinte: »Moni hat das Schauermärchen bestimmt nur erfunden, weil sie Angst hatte, die Bonbons mit zu vielen Kindern teilen zu müssen.« Sie zwinkerte mir zu.

Ich hab' nicht zurückgezwinkert. Ich hab' meine Augen fest zuge-macht und gedacht: So eine Gemeinheit. Ich hab' nichts erfunden. Zur Strafe verwandelt sich jetzt Onkel Butenschön in den Werwolf und packt Tante Anja. Dann schrei du nur! Das kommt davon, wenn man denkt, eine Moni Wiedemann würde anderen Kindern nichts gönnen. Zappel du nur! Ich helfe dir nicht.

Das mit der Strafe hat leider nicht geklappt. Als ich die Augen wie-der aufmachte, sagte Tante Anja: »Die Kinder möchten sich die Bonbongläser mal aus der Nähe anschauen. Dürfen sie das?«

»Anschauen kostet nichts!« sagte Tante Butenschön, die gerade wieder hereinstapfte. Onkel Butenschön hob feierlich die Deckel von den Bonbongläsern und wollte Bonbons verteilen.

»Halt!« sagte Tante Butenschön. »Du hast doch gehört, Fritz. Sie wollen keine Bonbons. Sie wollen sich nur mal die Gläser aus der Nähe anschauen.«

Onkel Butenschön schmunzelte. »Als ich ein kleiner Junge war«, sagte er, »wurde ich manchmal zu einer Tante geschickt, um ihr Gesellschaft zu leisten. Sie und ihr Mann hatten keine Kinder. Ge-nau wie meine Katharina und ich. Auf ihrem Wohnzimmertisch stand immer eine Schale mit Pralinen. Meine Mutter hatte mir eingeschärft, immer ›Danke, nein!‹ zu sagen, wenn mir Pralinen angeboten würden. Es sollte nicht so aussehen, als ob wir zu Hause keine Süßigkeiten hätten. Dabei war es so. Wir hatten wenig Geld und sahen Süßigkeiten nur in den Schaufenstern der Geschäfte oder auf dem Tisch der Tante. Es waren schlechte Zeiten. Niemand wollte maßgeschneiderte Anzüge kaufen. Da stand ich also und sagte: ›Danke, nein‹. Ich sagte es einmal, zweimal, dreimal. Beim dritten Mal dachte ich: Wenn sie mir die Pralinen jetzt noch mal anbietet, greife ich zu. Sie hat sie mir nie ein viertes Mal angeboten. Ich bin immer mit leerem Magen und wütend über mich selbst nach Hause gegangen. Hier! Greift zu! Laßt es euch nicht zweimal sagen!«

Matz griff als erster in eins der Bonbongläser. »Eingepackte Milchkaramelbonbons, hmm!«

Während alle begeistert lutschten und die Bonbons lobten, verschwand Tante Butenschön im Hinterzimmer. Nach einer Weile kam sie mit einem hellblauen Pappkarton unter dem Arm zurück, stellte ihn auf die Theke und winkte Matz zu sich. »Dir war vorhin aufgefallen, daß ich nicht lache, nicht wahr? Ich verrate dir ein Geheimnis. Aber nicht weitersagen!«

Matz nickte. Und wir alle hörten gespannt zu.

»In diesem Pappkarton«, sagte Tante Butenschön, »hebe ich mein Lachen und mein Weinen auf. Für ganz besondere Gelegenheiten. Ich will es nicht immerzu mit mir herumschleppen. Das ist mir zu mühsam. Und außerdem: Lachen und Weinen werden unheimlich schnell abgenutzt. Dafür ist es mir zu kostbar, verstehst du?«

Nein. Das verstand Matz nicht. Er sah von Tante Butenschön zu uns und von uns zu Tante Butenschön. Tante Butenschön starrte uns an. Wir starrten zurück. Matz merkte, was da gespielt wurde, und begann Grimassen zu schneiden. Dabei konnte niemand ernst bleiben. Wir prusteten alle los.

Nein. Nicht alle. Tante Butenschön lachte nicht. Sie sah Matz ärgerlich an und knurrte etwas, das wie »Spielverderber« klang.

»Matz ist manchmal etwas albern«, sagte Tante Anja. Sie packte den Grimassenschneider und zog ihn schnell aus dem Laden.

Wir anderen sollten uns von Butenschöns verabschieden. Mit

Handschlag. Jeder von uns hat jedem von ihnen die Hand gegeben.
Zur Vorsicht hab' ich ganz laut gesagt: »Ich hab' zwei Silberknöpfe
als Talisman.« Ich hab' damit in meiner Hosentasche geklimpert.
Aber auch den anderen ist nichts passiert. Keiner ist ein Werwolf
geworden. Niemand wurde verhext.
Wir lutschten Bonbons und rannten hinter Tante Anja und Matz
her.
»Du wohnst ganz toll!« fanden alle.
Plötzlich fand ich das auch.
Ich fand auch den Matz ganz toll. Es ist zwar manchmal peinlich,
wenn man einen Jungen zum Freund hat, der den Stier bei den
Hörnern packt. Aber seit dem Tag hab' ich nicht mehr vom Wer-
wolf geträumt.

Wie ich mit Onkel Butenschön ein Kennwort
ausmachte, er unser Geheimnis ausplauderte
und Matz das Wort
Monstervampireinbrechergespenstergerippe
besonders gut gefiel

»Falls du wieder mal Angst vor Werwölfen hast oder so, Moni«, sagte Onkel Butenschön ein paar Tage später, als wir allein im Laden waren, »dann komm zu mir in den Laden, und wir reden über unsere Träume.«

Ich wollte nicht. »Und Tante Butenschön? Sie wird dann bestimmt sauer.«

»Kannst recht haben«, meinte Onkel Butenschön. »Weißt du was? Du hast doch den Talisman. Diese zwei Silberknöpfe. Die trägst du doch immer mit dir herum.«

»Na klar. Die hab' ich immer bei mir.« Ich hab' mit den Knöpfen in meiner Hosentasche geklimpert.

Onkel Butenschön schmunzelte: »Ich halte nichts von Glücksbringern. Alles Mumpitz. Aber paß auf: Du machst es wie jetzt. Du klimperst mit den Knöpfen wie mit Geld, legst sie kurz auf die Theke und sagst: ›für zwanzig Pfennig Bildsalat!‹«

»Bildsalat?«

»Ja. Dann weiß ich Bescheid, und wir treffen uns bei den Obst- und Gemüsekisten vor dem Laden.«

»Und dann?«

»Dann reden wir über den Bildsalat in unseren Köpfen.«

»Ich träum' aber gar nicht mehr von Werwölfen«, hab' ich gesagt.

»Du hast ja bloß die Gicht in den Händen, oder?«

»Na klar. Bloß die Gicht«, sagte Onkel Butenschön. »Aber das sag' ich dir: Ich wär' verflixt froh, wenn ich die Krankheit nicht hätte. Es ärgert mich gewaltig, daß ich meiner Katharina nicht beim Kistenschleppen helfen kann. Manche, die nicht so gut Bescheid wissen wie du, meinen, ich wollte mich vor der Schwerarbeit drücken. Nun ja, es ist, wie es ist. – Nimmst du mein Angebot an? Kennwort Bildsalat. Abgemacht?«

»Mal sehen«, hab' ich gesagt. Aber dann bin ich doch ganz oft zu Onkel Butenschön gegangen und hab' »für zwanzig Pfennig Bildsalat« verlangt. Zum Beispiel wegen der Riesenheuschrecken.

Die Riesenheuschrecken hatte ich im Schaufenster vom Apotheker gesehen. Sie waren tot. Präpariert oder so. Sie konnten sich nicht bewegen. Ich hab' sie trotzdem immer und überall fliegen gesehen. Ich brauchte nur die Augen zuzumachen. Zack! Schon waren sie da.

Ich hab' mit Mama darüber geredet. Weil es ja diesmal nichts mit dem Fernsehen zu tun hatte.

»Aber Moni!« Mama hat geseufzt. »Die Tiere leben hier doch nur in deiner Phantasie. In Wirklichkeit sind sie weit weg von uns zu Hause.«

Und wenn doch mal welche herkommen, hab' ich gedacht, was dann? Vögel fliegen ja auch ganz weit. Über Länder und Meere. Und es gibt auch Flugzeuge. Mit einem Flugzeug ist sogar mal eine von diesen gefährlichen Riesenspinnen von weither gekommen. Die hatte sich eingeschmuggelt. Das weiß ich vom Fernsehen.

Ich bin zu Papa gegangen. Der sagte nur: »Laß mich mit deinen Riesenheuschrecken und Riesenspinnen in Ruhe. Ich hab' andere Sorgen.« Er hatte sich Arbeit vom Büro mit nach Hause gebracht. Irgendein Computerprogramm funktionierte nicht, und er mußte sich ein neues ausdenken. Er hat auf ein Blatt mit Zahlen gestarrt. Ganz lange. Es mußte wirklich sehr wichtig sein. Er hat deswegen sogar auf das Fernsehen verzichtet.

Mama ist mit mir zu Frau Möller ins Hochhaus gegangen. »Wir reden mal mit ihr und mit Matz darüber«, hat sie gesagt. »Matz hat bestimmt keine Angst vor präparierten Riesenheuschrecken.«

Matz war nicht zu Hause. Er war gerade mit seinem Bruder unterwegs. Mensch, war ich froh. Ich mag es nicht, wenn Matz sich an die Stirn tippt und sagt: »Moni spinnt!« Der versteht einfach nicht, wie man vor solchen Tieren Angst haben kann.

»Nun ja«, sagte Frau Möller. »Hier Bildschirm, da Schaufensterscheibe. Für Moni können die Heuschrecken vielleicht im nächsten Moment aufspringen wie die Riesenspinne im Fernsehen. Im übrigen finde ich diese Heuschrecken auch gräßlich. Ich bin froh, daß ich nicht in Südamerika wohne, wo sie herkommen. Immer, wenn ich an der Apotheke vorbeigehe, kriege ich eine dicke Gänsehaut.«

»Wenn Moni nur eine Gänsehaut kriegen würde, wär's ja gut«, sagte Mama. »Aber sie ist für meinen Mann und mich zu einer Plage geworden. Zu einer Riesenheuschreckenplage. Sie fällt Nacht für Nacht in unsere Betten ein, fliegt wieder raus, schleicht sich in die Küche und ißt den halben Kühlschrank leer. Wurst und Käse am Stück, Reissalat von gestern aus der Schüssel, Apfelmus aus dem Glas. Nichts ist vor ihr sicher. Moni ißt sich kugelrund und uns die Haare vom Kopf.«

»Tja, dünner bist du nicht gerade geworden«, sagte Frau Möller.

Ich hab' »Na und?« gesagt und noch sagen wollen, daß das alles nur davon kommt, daß Mama und Papa mich nicht in ihre Betten lassen. Aber da hat mir Frau Möller in einem Buch eine Heuschrecke gezeigt und ganz besonders eins von den hinteren Beinen. »Sieh mal, die Tiere springen eigentlich. Sie benutzen ihre Flügel nur, um den Sprung zu verlängern. Sie fliegen nicht wie Vögel, Moni. Das können sie gar nicht.«

Dann haben Mama und Frau Möller darüber geredet, daß wieder alle Lebensmittel teurer geworden sind, daß im Hochhaus der Putz von den Wänden fällt und alles nicht mehr so ist wie früher, als wir noch dort wohnten.

Ich hab' in den nächsten Tagen ganz oft an mir runtergesehen.

War ich wirklich so dick? Natürlich wollte ich lieber schlank sein. Aber diese dämlichen fliegenden Riesenheuschrecken! Sie ließen sich einfach nicht verscheuchen. Auch nicht durch das Bild vom Heuschreckenbein in Frau Möllers Buch. Ich hab' hin und her überlegt. Einmal wollte ich deswegen zu Onkel Butenschön, dann wieder nicht. Wegen Tante Butenschön. Die Sache mit dem Bildsalat: Bestimmt war sie längst dahintergekommen. Wenn sie mich so von der Seite her ansah, hatte ich immer ein komisches Gefühl.

Während ich überlegte, bin ich ganz in Gedanken bei Rot über die Ampelkreuzung an der Bundesstraße gegangen. Ein Streifenwagen hat neben mir angehalten. Der Polizist hat das Seitenfenster heruntergekurbelt und gesagt: »Stell dir mal vor, mein Kind, du wärst jetzt unter ein Auto gekommen. Was würden deine Eltern dazu sagen?«

Ich hab' es mir vorgestellt: Der Polizist kommt zu uns nach Hause. Er sagt: »Ihre Tochter, Frau Wiedemann!« Er macht ein trauriges Gesicht. »Tut mir leid.«

»Was ist mit meiner Tochter?«

»Ein Unfall.«

»Oh nein!«

»Doch.«

»Ist sie . . .?«

»Tot. Ja. Leider.«

»Nein!!!!«

»Doch. Sie ist bei Rot über die Kreuzung gegangen. Der Autofahrer konnte nicht rechtzeitig bremsen.«

So machen sie es immer in Krimis, wenn ein Unfall passiert ist oder ein Mord. Sie sagen das nicht sofort. Sie wollen es den Menschen möglichst schonend beibringen.

Mit Mama und Papa wollte ich nicht darüber reden. Ich war froh, daß sie nicht wußten, daß ich bei Rot über die Kreuzung gegangen war. Gut, daß ich Onkel Butenschön und sein Kennwort hatte. Ich hab' mit den Knöpfen in meiner Hosentasche geklimpert und sie kurz auf die Theke gelegt. »Für zwanzig Pfennig Bildsalat!« Tante Butenschön hat nichts gemerkt. Sie hat Geld gezählt.

Onkel Butenschön ist auch schon mal bei Rot losmarschiert und erwischt worden. Er hat sogar einen Strafzettel gekriegt und Strafe zahlen müssen. Wir haben uns gegenseitig draußen bei den Obst– und Gemüsekisten versprochen, nie wieder bei Rot loszugehen. Ich hab' auch von den Riesenheuschrecken erzählt. Und dann hat mir Onkel Butenschön seinen Traum von einem Monstervampirein-brechergespenstergeripppe erzählt. Der war lustig!

Wegen der Riesenheuschrecken ist Onkel Butenschön zum Apo-theker gegangen. Aber der wollte sie nicht aus dem Schaufenster nehmen. Erst in vier Wochen oder so. Wenn er sowieso neu deko-rieren würde.

Ich hab' abends mein Fenster ganz fest zugemacht, hab' mir die Bettdecke über den Kopf gezogen und an Onkel Butenschöns lusti-gen Traum von dem Monstervampireinbrechergespenstergeripppe gedacht. Ich war echt neidisch. Ich kriegte nie solche Träume.

Als ich eine Weile später wieder mal für zwanzig Pfennig Bildsalat kaufen wollte – es war wegen einer lebendigen Spinne in meinem Zimmer –, kam Herr Bolte in den Laden. Ausgerechnet in dem Mo-ment, als ich das Kennwort sagte. Wolfgang Bolte ist der Filmema-cher, der in Eichenstädt wohnt.

»Bildsalat?« fragte Herr Bolte.

»Nagelfeilwurst ist heute im Angebot«, sagte Onkel Butenschön schnell. »Reinbeißen und sich wohlfühlen!« Er wollte mit seinen Witzen Herrn Bolte vom Bildsalat ablenken. Es hat nicht geklappt.

»Bildsalat?« hat der noch mal neugierig gefragt. »Den können höchstens wir Leute vom Film und vom Fernsehen machen. Den kann man doch nicht in einem Tante–Emma–Laden kaufen.«

»Und ob«, sagte Tante Butenschön bissig. »Bei meinem Mann kön-nen Sie alles kaufen. Sogar Schnürsenkelspaghetti, garantiert gut durchgezogen. Und Seifenpulverpastete, jeder Rülpser eine federleichte Seifenblase. Hallo, Matz! Du kommst mir gerade recht. Du kennst doch auch Onkel Butenschöns flotte Werbesprüche?«

»Na klar«, sagte Matz, der mich zum Spielen abholen wollte. »Wer kennt die nicht?«

Er bringt damit alle zum Lachen, hab' ich gedacht. Bloß Tante Butenschön nicht. Hoffentlich hat sie die Sache mit dem Bildsalat vergessen.

Denkste! Tante Butenschön stemmte die Arme in die Hüften und sah mich an. »Herr Bolte möchte wissen, was bei uns hier Bildsalat ist. Was sagst du dazu, Moni?«

Was sollte ich dazu sagen? Ich hab' auf den Boden gesehen.

»Der Bildsalat muß draußen beim Obst und Gemüse zu finden sein«, sagte Tante Butenschön. »Immer, wenn Moni für zwanzig Pfennig Bildsalat verlangt, geht mein Mann mit ihr vor die Tür, und sie reden miteinander. Jedesmal, wenn ich dazukomme, haben sie eine Tonstörung.«

»Sie meinen, die beiden hätten Geheimnisse?«

»Geheimnisse?« Tante Butenschön schnaufte verächtlich. »Das ist eine Verschwörung.« Sie ging ins Hinterzimmer, um sich die Hände zu waschen. Sie hatte eine matschige Zwiebel angefaßt.

»Meine Katharina ist etwas eifersüchtig«, sagte Onkel Butenschön und zwinkerte mir zu.

»Was ist Bildsalat?« fragte jetzt auch Matz.

Tante Butenschön kam in den Laden zurück. »Die beiden da wissen es. Nur die beiden!« Sie zeigte auf Onkel Butenschön und mich.

Onkel Butenschön sah mich fragend an. Ich hab' den Kopf geschüttelt. »Mund halten!« sollte das bedeuten.

»Tja, mein Junge. Geheimnisse sind Geheimnisse. Da kannst du nichts machen.« Der Filmemacher lachte.

Matz lachte nicht. Er hat es noch nie gemocht, wenn ich ihm was

64

verschwieg. Er ballte die Fäuste und kam auf mich zu. »Was ist Bildsalat?«

Als ich gerade den kurzen, trockenen Haken an ihm ausprobieren wollte, sagte Onkel Butenschön schnell: »Moni und ich, wir erzählen uns nur gegenseitig unsere Träume.«

Dieser Onkel Butenschön! So eine Gemeinheit! Dieser Verräter! Das hätte ich ihm nicht zugetraut.

»Träume sind doof!« sagte Matz und ließ die Fäuste sinken.

»Träumst du denn nie?« fragte Herr Bolte.

»Manchmal schon«, sagte Matz. »Aber darüber rede ich nicht.«

»Aber wir«, sagte Onkel Butenschön. »Nicht wahr, Moni?«

Na warte! hab' ich gedacht. Rache ist süß. Ich hab' auf Onkel Butenschön gezeigt, gekichert und gesagt: »Der da hat mal von einem Monstervampireinbrechergespenstergerippe geträumt. Das biß sich vor Wut selbst in den Po, heulte, erschreckte sich über sich selbst im Spiegel und klapperte so laut mit den Zähnen und Knochen, daß alle wach wurden, wenn es mal irgendwo einbrechen wollte. Und einmal, als es gerade ganz schrecklich unheimlich losmonstern wollte, sah es sich zufällig in einer Schaufensterscheibe und mußte so laut lachen, daß es geplatzt ist. Seitdem träumt Onkel Butenschön nicht mehr vom Monstervampireinbrechergespenstergerippe.«

»Das ist nicht geträumt«, sagte Matz verächtlich. »Das ist ausgedacht.«

»Den Verdacht habe ich auch«, sagte Herr Bolte und lachte. »Aber es ist gut ausgedacht, nicht wahr?« Er sah mich an.

Ich hab' die Zähne zusammengebissen und Onkel Butenschön angesehen. So ein Schwindler, hab' ich gedacht. Der träumt bestimmt nie. Der hat sich all seine Träume nur ausgedacht. Der wollte mich nur aushorchen. Mit dem rede ich nie wieder!

Matz wiederholte andauernd das Wort »Monstervampireinbrechergespenstergerippe«.

»Hör auf!« hab' ich geschrien. »Ich kann das nicht mehr hören!«

»Ich wollte dir doch nur helfen«, sagte Onkel Butenschön leise.

»Das war also der Bildsalat!« sagte Tante Butenschön und schüttelte den Kopf. »Darauf soll ein Mensch kommen.«

Wie Matz ein Filmkind werden sollte und ich nicht,
und warum mich der Filmemacher Bolte dann
doch genommen hat

»Monstervampireinbrechergespenstergerippe«, sagte Matz und kicherte.

»Meine Güte«, sagte Onkel Butenschön. »Da hab' ich ja was Schönes angerichtet. Wenn ich das gewußt hätte, hätte ich das Ungetüm nicht erfunden.«

Matz rollte mit den Augen, fletschte die Zähne und kam auf mich zu.

»Hör mit dem Quatsch auf!« hab' ich gesagt.

»Wie kann man nur so albern sein!« sagte Tante Butenschön.

»Ich bin nicht albern, ich bin ein Monstervampireinbrechergespenstergerippe«, sagte Matz.

»Hör mal, wie alt bist du?« fragte Herr Bolte.

«Tausendhundert Jahre«, antwortete Matz, wackelte mit dem Kopf, wedelte mit den Armen und hechelte.

»Ich will nicht wissen, wie alt das Monstervampireinbrechergespenstergerippe ist. Ich will wissen, wie alt *du* bist«, sagte Herr Bolte.

Matz kicherte bloß albern.

»Matz ist erst fünf. Ich bin schon sechs«, hab' ich gesagt.

»Ich bin schon tausendfünfundfünfundfünf!« schrie Matz. »Ich bin ein Monstervampireinbrechergespenstergerippe.«

»Hat das Monstervampireinbrechergespenstergerippe vielleicht Lust, in einem Kinderfilm mitzumachen?«

»Ich? Komme ich dann ins Fernsehen?« Matz hatte plötzlich glänzende Augen.

Was? Matz sollte in einem Film fürs Fernsehen mitmachen? Ausgerechnet Matz? »Matz hat zu Hause nicht mal einen Fernseher!« hab' ich gesagt.

Herr Bolte achtete nicht darauf. Er hatte nur Augen für Matz. »Du müßtest nach Biel kommen. Mindestens für einen Drehtag. Machst du das, Matz?«

Matz strahlte Herrn Bolte an und nickte.

»Der Junge hat Talent«, sagte Herr Bolte zu Onkel und Tante Butenschön.

»Ach was. Albern ist der. Sonst nichts«, sagte Tante Butenschön.

»Aber seine Mutter«, hab' ich gesagt, »die hat was gegen das Fernsehen. Die erlaubt das bestimmt nicht. Frau Möller will ja nicht mal, daß Matz bei mir fernsieht.«

»Es ist für eine gute Sache«, sagte der Filmemacher Bolte. »Es geht um kranke Kinder. Wir möchten, daß Kinder die Angst vor dem Krankenhaus verlieren. Es ist nur eine kleine, aber wichtige Rolle. Wir drehen im Bieler Krankenhaus. Wir würden bei Matz zeigen, wie man Blut abnimmt und was Kinder im Krankenhaus zu essen bekommen.«

Matz wurde plötzlich ganz grün im Gesicht.

»Matz kann kein Blut sehen«, hab' ich gesagt. »Er ist im Kindergarten schon zweimal ohnmächtig geworden. Einmal, weil sich ein Junge die Stirn blutig gehauen hat. Und das zweite Mal, als sich Tante Anja beim Basteln in den Finger geschnitten hat.«

»Alte Petze!« zischte Matz.

»Kannst *du* denn Blut sehen?« fragte Herr Bolte mich.

»Na klar!«

»Nun gut. Wir brauchen zwar eigentlich nur einen Jungen und nicht zwei. Aber was soll's? Ein Bett mehr oder weniger in dem Krankenzimmer, darauf kommt es nicht an. Und du siehst ja fast wie ein Junge aus.«

Diesmal war ich nicht beleidigt. Echt gut, daß der Friseur die Haare superkurz geschnitten hatte.

»Ich komme irgendwann mal bei euch zu Hause vorbei!« sagte Herr Bolte, zahlte und ging.

»Mama wird staunen«, sagte Matz und sah schon nicht mehr ganz so zuversichtlich aus.

Es staunte nicht nur Frau Möller. Es staunten auch alle Kinder im Kindergarten und Tante Anja. Die sagte: »Ihr seid mir die Richtigen! Seid noch nicht in der Schule und wollt schon in einem Film mitmachen. Na ja, eure Eltern müssen ja wissen, was sie tun.«

»Ist ja nur für einen Tag!« sagte Matz.

Tante Anja blieb dabei: »Das verkraftet ihr noch nicht.«

Da ist Matz wie ein Muskelprotz durch den Kindergarten gerannt und hat gebrüllt: »Ich bin stark. Ich bin ein Monstervampireinbrechergespenstergerippe. Ich schaffe alles!«

Alle haben gelacht. Viele waren neidisch und wollten mitkommen. Sie wollten bei den Dreharbeiten zusehen.

»Das geht nicht«, hab' ich gesagt. »Das ist nicht erlaubt.«

Auf dem Nachhauseweg hat Matz von mir wissen wollen, woher ich das weiß.

»Ich denk' mir das«, hab' ich gesagt. »Oder willst du, daß alle kommen und zugucken?«

Matz hat den Kopf geschüttelt und genickt. Er wußte nicht, was er wollte.

Ein paar Tage später hat es abends bei uns geklingelt. »Mein Name ist Wolfgang Bolte. Ich bin Regisseur. Sie haben bestimmt schon von mir gehört. Ich komme gerade von Frau Möller; sie erlaubt Matz die Filmarbeit nur, wenn Sie Moni auch gehen lassen. Es sind übrigens noch zwei andere Kinder dabei: zwei Jungen im Alter von zwölf Jahren. Das sind die Hauptdarsteller.

Und eine Betreuerin ist noch mit von der Partie. Sie kümmert sich um die Verpflegung der Kinder und um die Beschäftigung in den Pausen.«

Papa hat nicht gewollt. Aber Mama meinte: »Wenn Moni und Matz mitmachen, können sie eine Menge lernen. Sie sehen, wie Filme gemacht werden. Wenn der Film fertig ist, können wir ihn aufzeichnen. Auf Video. Außerdem können wir allen Bekannten und Verwandten mitteilen, daß unsere Moni im Fernsehen zu sehen ist.«

Weil Mama und Papa schließlich dafür waren, hat auch Frau Möller nicht nein gesagt. Aber dann hatte sie große Schwierigkeiten mit Peter. Der wollte auch zum Film. Aber ihn wollte Herr Bolte nicht. Er war ihm zu alt. Peter war damals fünfzehn. Er lernte schlecht und wollte mit der mittleren Reife vom Gymnasium abgehen.

Frau Möller kam in der Zeit oft zu Mama. Hauptsächlich abends. Papa war deshalb wütend. Weil er dann immer den Fernseher abstellen mußte. Wegen der Höflichkeit und so.

»Versteh doch!« sagte Mama. »Frau Möller muß einfach mal mit jemandem darüber reden. Sie ist geschieden und hat keinen Mann, mit dem sie reden kann wie ich.«

Manchmal weinte Frau Möller und sagte: »Ich werde mit dem Jungen nicht mehr fertig. Ein Glück, daß Matz anders ist.«

Frau Möller hatte kein gutes Gefühl bei der Filmsache. Sie sagte: »Wenn ich mir Werbefilme mit Kindern ansehe, wird mir immer ganz schlecht. Die Kinder werden regelrecht vermarktet.«

Matz und ich haben Onkel und Tante Butenschön nach dem Wort »vermarktet« gefragt. »Was ist, wenn Kinder vermarktet werden?«

»Sie werden zur Schau gestellt«, erklärte Onkel Butenschön. »Öffentlich. Zum Beispiel auf der Bühne, im Fernsehen, in der Werbung.«

»Du mußt das anders erklären, Fritz!« sagte Tante Butenschön. »Seht mal, das ist wie bei unserem Obst und Gemüse in den Kisten

70

da draußen vor dem Laden. Es ist öffentlich ausgestellt. Jeder kann es von allen Seiten betrachten und anfassen.«

Matz sah nach draußen. Er trat von einem Bein auf das andere.

»Wir sind kein Obst und auch kein Gemüse«, hab' ich gesagt.

«Wir lassen uns nur betrachten«, sagte Matz. »Nicht anfassen. Abgemacht?«

»Abgemacht!« Ich hab' ihm die Hand darauf gegeben. Matz hatte bestimmt an das Blutabnehmen im Krankenhaus gedacht.

Wie ich alles, was beim Filmen passierte, auf
Cassette aufnehme, und warum Matz seine
Lieblingsspeise nicht mehr mag

»Hallo, Miss Windpocke!« Onkel Butenschön steht plötzlich in meinem Zimmer. Wie ist der denn hier hereingekommen? Hab' nichts davon gehört.

»Du hast wohl Luftkissen unter den Füßen, was?« frage ich.

»Wie bitte? – – – Ach so!« Onkel Butenschön lacht. »Ja, ja. Luftkissen unter den Füßen und einen Schalldämpfer vor dem Mund. ›Weck mir das Kind nicht auf!‹ hat meine Katharina gesagt. Du weißt doch: Was sie sagt, wird gemacht. Störe ich?«

»Du störst nie. Ich sehe mir Fotos an.«

»Zeig mal her. Ah! Der Krankenhausfilm mit Herrn Bolte. Deine Mama hat damals alle Fernsehzeitschriften gekauft, die sie kriegen konnte.«

»Ja«, sage ich, »und sie hat aus allen die Fotos herausgeschnitten, auf denen Matz und ich zu sehen waren. Die meisten hat sie weggeschickt. An Verwandte, Bekannte und so. Mama war echt stolz. Papa auch. Und erst Frau Möller! Weißt du noch?«

»Und ob«, sagt Onkel Butenschön. »Ihr wart ja schließlich die berühmtesten Kinder von Eichenstädt. Fernsehkinder. Das hatte es vorher noch nicht gegeben. – Brauchst du irgendwas? Befehl von meiner Katharina. Ich soll nachfragen.« Onkel Butenschön legt die Hände an die Hosennaht. Das macht er oft. Aus Spaß. Dabei ist er ein ganz schlechter Soldat gewesen, sagt Tante Butenschön. Aber sie sagt auch: »Ich bin froh darüber. Ich mag keine Kriege und keine Krieger.«

»Nein«, sage ich. »Ich brauche nichts. Es ist ja bald Mittag. Dann kommt Mama nach Hause. Stell dir vor! Sie hat die Fernbedienung vom Fernseher mitgenommen. Sie hat kein Vertrauen zu mir.«

»Aha! Das war es also!« Onkel Butenschön schmunzelt. »Meine Katharina hat von einer Elefantenherde gesprochen, die hier oben herumtrampelt. Warst wohl ziemlich wütend beim Suchen, was? Unten bei uns in der Wohnung haben die Lampen gewackelt. Und bei euch im Wohnzimmer sieht es schrecklich aus.« Er geht zur Tür.

Ich springe aus dem Bett, verstelle ihm den Weg und halte mir meine Faust vor den Mund. »Achtung, Achtung! Ich, Monika Wiedemann, die große Reporterin, spreche jetzt ins Mikrofon. In Wiedemanns Wohnzimmer, liebe Hörer und Hörerinnen, waren Einbrecher. Alles ist durchwühlt. Aber das Wunderkästchen haben sie nicht gefunden. Es ist sehr begehrt. Wer es hat, kann nämlich zaubern. Hokuspokusfidibus! Was darf es sein? Fremde Leute in Ihrem Wohnzimmer? Eine fremde Stadt vom Flugzeug aus? Eine Eisenbahn in voller Fahrt? Ein Zirkus mit wilden Tieren? Kein Problem. Ein Knopfdruck genügt. Es ist kein Wunder, daß die Verbrecher so scharf auf das Kästchen sind. Aber sie haben Pech. Die Bewohner haben es rechtzeitig in Sicherheit gebracht. Der Kriminalhauptkommissar vom Einbruchsdezernat, Herr Fritz Butenschön, leitet die Ermittlungen. Er wird uns jetzt verraten, wo sich der kostbare Gegenstand im Augenblick befindet.« Ich halte Onkel Butenschön das Mikrofon vor den Mund.

Lachend schiebt er es weg. »Für uns als Kinder wär' der Fernseher mit der Fernbedienung noch so etwas wie ein Wunder gewesen. Wir hätten bestimmt an Hexerei gedacht. Du brauchst also wirklich nichts, Moni?« Er will gehen.

»Doch. Ich brauche – – – Unterhaltung. Bleib hier! Muß man Ihnen denn alles vorsagen, Herr Kommissar? In der Handtasche einer gewissen Bärbel Wiedemann steckt das kostbare Kästchen. Und wo befindet sich die Handtasche?«

»In der Sparkasse«, rät Onkel Butenschön.

»Richtig! Die Spurensicherung ist abgeschlossen. Hauptkommissar Butenschön kann mit den Aufräumungsarbeiten beginnen.«

»Denkste!« Onkel Butenschön grinst. »Ich räume euer Wohnzimmer nicht auf. Meine Katharina hat mir strengstens verboten, Schlachtfelder zu betreten. Und bei euch im Wohnzimmer sieht es verdächtig danach aus.«

»Nein. Es war ein Erdbeben«, sagte ich.

»Na schön. Ein Erdbeben. Übrigens: Du bist gut als Reporterin. Weiter so!« Weg ist er wieder.

Ich bin wirklich nicht schlecht als Reporterin. In der Schule bin ich auch die Beste in Deutsch. Frau Krauss sagt immer: »Monika Wiedemann kann sich sehr gut ausdrücken.«

Ich hab' eine Idee! Ich hole mir Papas Cassettenrecorder an mein Bett. Ah, es ist sogar noch eine Cassette drin. Mikrofon anschließen. Auf AUFNAHME drücken. Klick!

Achtung! Achtung! Hier ist der Bericht über die Dreharbeiten zu dem Film »Das fröhliche Krankenzimmer«.

Die zwei großen Jungen hießen Holger und Christian. Sie waren die Hauptdarsteller und saßen in den Betten am Fenster. Die beiden kleinen Jungen, die in ihren Betten hereingeschoben wurden, waren Matz und ich. Die großen Jungen haben zuerst gar nicht bemerkt, daß ich ein Mädchen bin.

Holger hatte ein Gipsbein. Das war nicht echt. Ein richtiger Arzt hatte es ihm angepaßt und nach dem Trocknen aufgesägt. Der Länge nach. Später haben die Filmleute die beiden Hälften ums Bein herum wieder zusammengesetzt und zugeklebt. Mit Tesafilm. Weil das Gipsbein bemalt war, sah man keine Nahtstellen. So machen sie das beim Film.

Der Christian hatte einen Arm in der Schlinge und einen

Kopfverband. Der war mal weiß gewesen und sah jetzt ziemlich rot aus. Matz hat sich alles angesehen und geschluckt. »Das Blut ist nicht echt, oder?« hat er gefragt.

»Nein, nein. Keine Angst! Das ist bloß rote Farbe!«
Matz war sehr erleichtert.

Die Betreuerin kam und fragte: »Was möchtest du essen, Matz? Quarkspeise, rote Grütze oder Vanillepudding?«
Matz wollte Quarkspeise. »Die ist mein Leibgericht.«

»Das trifft sich gut«, sagte Herr Bolte. »Du mußt nämlich auch gleich im Film was essen. Du kriegst Quarkspeise.«

Dann stellte uns Herr Bolte all die Leute vor, die mit uns zusammen in dem kleinen Krankenzimmer waren: den Kameramann mit der großen Kamera. Den Beleuchter, der die Scheinwerfer auf uns richtete. Den Mann mit der Klappe, von dem wir noch nicht wußten, wozu er da war. Den Requisiteur, der immer die Gegenstände im Raum zählte. Und die Frau von der »Maske«. Die paßte auf, daß wir uns die Haare nicht durcheinanderbrachten. Sie tupfte uns auch immer den Schweiß von der Stirn. Durch die Scheinwerfer war es unheimlich heiß im Krankenzimmer. Der Toningenieur hielt ein Mikrofon an einer Stange fest. Die Regieassistentin schrieb etwas in ein Buch. »Das ist das Drehbuch«, sagte sie. »Darin steht alles, was die Schauspieler sagen müssen. Aber das könnt ihr ja noch nicht lesen. Wir sagen euch vor.«

Zuerst sollte der Arzt kommen und mir Blut abnehmen. Mit einer Spritze. Es war kein richtiger Arzt. Nur ein Schauspieler. Aber er sah aus wie ein richtiger Arzt. Weißer Kittel und so. Er hatte die Spritze schon in der Hand. Das Blut war als rote Flüssigkeit in einem Beutel. Der Beutel lag gut unter meinem Arm versteckt.

»Achtung! Aufnahme!« Ich brauchte nichts zu sagen. Ich

mußte immer nur an den richtigen Stellen nicken oder den
Kopf schütteln.

»Hast du Angst?« fragte der Arzt. Ich nickte. Das war nicht
schwer. Ich hatte wirklich welche.

»Brauchst keine Angst zu haben!« sagte der Arzt.
Ich nickte.

Und dann tat er so, als ob. Es tat nicht weh und ging ganz
schnell.

»Na, hat es weh getan?«
Ich schüttelte den Kopf, nickte und schüttelte den Kopf.
Ich hatte nämlich vergessen, ob ich nicken oder den Kopf
schütteln sollte.

»Herrlich! Wunderbar!« rief Herr Bolte. »So ist es ganz natürlich. Der Junge glaubt noch nicht ganz, daß es wirklich
nicht weh getan hat. Die Szene ist im Kasten!«

Der große Junge, der Christian hieß, sollte so tun, als ob ihm plötzlich schlecht geworden wäre und er Schmerzen hätte. Der schaffte es einfach nicht. Er mußte immerzu kichern. Und wir mit. Als er endlich ganz toll stöhnte, war es Herrn Bolte auch nicht recht. Er sollte anders stöhnen. »Verhalten!«

Es hat lange gedauert, aber endlich waren alle mit ihm zufrieden. Ich wußte, wie es ist, wenn ein Mensch verhalten stöhnt. Er will eigentlich nicht stöhnen. Er will es unterdrücken. Aber es kommt trotzdem aus ihm heraus. Ich hab' dem Christian das Stöhnen vorgemacht.

»Woher kannst du das so gut?« wollte Herr Bolte wissen.

»Ganz einfach!« hab' ich gesagt. »Mir ist Tante Butenschön eingefallen. Wie es ist, wenn sie Kisten geschleppt hat und sich den Rücken hält. Sie will nicht stöhnen, und es kommt trotzdem aus ihr heraus. Aber nur, wenn Onkel Butenschön nicht dabei ist. Der soll nichts merken. Weil er doch die Gicht in den Händen hat und keine Kisten schleppen kann.«

»Ja, ja, die Butenschöns!« hat Herr Bolte gesagt. »Die gehen zusammen durch dick und dünn. Die halten zusammen. Das findet man heute nur noch selten. Eines Tages mache ich mal einen Film über die zwei und ihren Laden. Und jetzt wieder an die Arbeit! Los, los! Ist die Quarkspeise fertig?«

Die Quarkspeise war fertig. Der Kameramann stand an der richtigen Stelle. Der Beleuchter war zufrieden. Matz wußte genau, was er machen und sagen sollte.

Eine Krankenschwester brachte die Quarkspeise ins Krankenzimmer. Auch die Krankenschwester war nicht echt. Sie war bloß eine Schauspielerin in Schwesterntracht. Aber die Quarkspeise im Glasschälchen war echt.

»Quarkspeise!« rief die unechte Krankenschwester.

»Hm! Quarkspeise ist mein Leibgericht!« sagte Matz und leckte sich die Lippen. So hatte es ihm Herr Bolte vorgemacht.

Matz machte es prima. Quarkspeise war ja wirklich sein Leibgericht. Nun sollte er ungefähr die Hälfte davon aufessen und sagen: »Das schmeckt nach mehr.« Es schmeckte Matz aber so gut, daß er das Schälchen leerlöffelte, ohne was zu sagen.

Der Mann mit der Klappe stöhnte, der Kameramann stöhnte. »Auf ein Neues!« sagte Herr Bolte. »Noch ein Schälchen mit Quarkspeise, bitte!«

»Quarkspeise!« rief die unechte Krankenschwester und trug ein neues Schälchen mit Quarkspeise herein.

»Hm! Quarkspeise ist mein Leibgericht!« sagte Matz und leckte sich die Lippen. Und dann löffelte er und löffelte.

»Du vergißt ja schon wieder deinen Satz, Matz!« hab' ich ihn angebrüllt. Das hätte ich nicht machen sollen. Mein Satz war jetzt mit im Film und paßte nicht hinein.

Alle stöhnten. Alles wurde für den Anfang der Szene neu aufgebaut, die Kamera, die Scheinwerfer, und so weiter, und so weiter.

Der Mann mit der Klappe rief: »Quark zum Dritten!« oder so ähnlich. Die Krankenschwester brachte wieder ein Schälchen mit Quarkspeise. Diesmal klappte alles ganz prima. Matz war stolz und Herr Bolte auch.

»Tut mir leid!« sagte der Kameramann. »Es war eine Fussel auf der Linse. Der Film ist versaut. Wir müssen es noch mal machen.«

»Nein!« stöhnte Matz. »Ich kann nicht mehr.«

Aber Matz konnte noch. Herr Bolte hat ihn dazu überredet. Matz hat noch zwei halbe Schälchen mit Quarkspeise gegessen. Dann war er fertig und die Szene abgedreht. Im Kasten, wie Herr Bolte das nannte.

Vor der Tür vom Krankenzimmer wartete die Betreuerin.

»Na, wie war's?«

Matz hat nicht antworten können. Er ist aufs Klo gerannt. Als er zurückkam, sagte er: »Ich kann keine Quarkspeise mehr sehen. Ich kann keine Quarkspeise mehr riechen. Ich kann keine Quarkspeise mehr essen!«

Er wollte auch keinen Kameramann mehr sehen und keine Scheinwerfer. Er wollte nach Hause.

Das durften wir auch. Ich war froh. Ich wollte auch weg, hatte mich aber nicht getraut, es zu sagen. Die Betreuerin fuhr uns in ihrem Wagen zurück nach Eichenstädt. Unterwegs mußte Matz aussteigen. Er hat gedacht, er müßte kotzen. Er mußte aber nicht.

Ich war froh, daß sie mir nur Blut abgenommen hatten und nicht mal in echt. Ich hatte es viel leichter gehabt als Matz. Aber ich kriegte genausoviel Geld. 100 Mark. Für einen Drehtag. Das hatten sie uns vorher nicht gesagt.

Sie haben das Geld auf Papas und Mamas Sparkassenkonto überwiesen. Da soll es bleiben, bis ich zehn bin, sagt Mama. Das hätten die vom Fernsehen nicht machen dürfen. Ich hätte es schrecklich gern in der Hand gehabt. So viel Geld! Ich hätte mir dafür Riesenlutscher gekauft und Seidenkissenbonbons. Mit einem von Butenschöns großen Bonbongläsern drumherum.

Im Kindergarten, zu Hause und in Butenschöns Laden wollten alle von uns wissen, wie es beim Filmen war. Wir haben immer gesagt: »Ganz toll! Super!« und so. Mehr nicht. Matz hatte nämlich zu mir gesagt: »Erzähl keinem was von der Quarkspeisensache. Keinem! Wenn du petzt, kannst du was erleben. Das ist streng geheim, verstanden?«

Matz wollte auf keinen Fall, daß sein großer Bruder Peter etwas davon erfuhr. »Endlich mal was Tolles, was ich schon gemacht habe und er nicht«, hat Matz gesagt. »Der ist jetzt schrecklich neidisch auf seinen kleinen Bruder. Aber wenn er das mit dem Quark hört, ist er es nicht mehr, wetten?«

Ich hab' Matz immer um seinen großen Bruder beneidet. Aber es ist vielleicht doch nicht so einfach, wenn einer in der Familie ist, der so viel größer ist und alles besser kann.

Ich hab' über den Quark nicht gesprochen. Die Sache ist trotzdem nicht geheim geblieben. Als der Film schon im Fernsehen gelaufen war, haben wir auf dem Rummelplatz die Betreuerin getroffen. Sie ist auf Matz und mich zugekommen und hat gefragt: »Na, Matz? Kannst du jetzt wieder Quarkspeise essen?« Sie hat sehr laut gesprochen, es war nämlich ein Riesenlärm auf dem Rummelplatz.

Matz hat geschrien: »Nein. Aber das ist gar nicht das Schlimmste!«

»Was ist denn das Schlimmste?«

»Ja, haben Sie denn den Film nicht gesehen?«

»Nein.«

»Es war alles umsonst!« schrie Matz. »Sie haben die ganze Szene mit der Quarkspeise rausgeschnitten. Herr Bolte hat gesagt, der Film war zu lang.«

»Oh nein, Matz. Das ist ja schrecklich!« hat die Betreuerin gebrüllt.

Matz hat genickt und wollte zum Karussell hinüber. Er ist mit seinem Bruder Peter zusammengeprallt. Der hatte alles gehört und lachte. »Deshalb warst du so sauer, als du den Film gesehen hattest! Deshalb schiebst du mir jetzt immer deine Quarkspeise zu! Ha, ha, ha, ha!«

Eichenstädt ist klein. Plötzlich wußten alle, wie das mit Matz und der Quarkspeise beim Film war.

Aus. Ende der Quarkspeisenfreßreportage. Monika Wiedemann, die große Reporterin, gibt ab an die Sendezentrale.

Klick.

Jetzt höre ich mir alles noch mal an. Zuerst zurücklaufen lassen. Dann auf den Knopf WIEDERGABE drücken.

Was ist denn das? Musik? Ach du liebe Zeit! Papas Aufnahme von dem Klavierkonzert neulich abends! Es war eine bespielte Cassette im Gerät. Mozart oder so. Und mittendrin Monika Wiedemanns Reportage vom großen Quarkfressen. Was mache ich nur?

Jetzt juckt es überall. Ich glaube, ich kriege wieder Fieber. Da kommt Mama. Was sagt Papa immer, wenn er etwas angestellt hat? »Angriff ist die beste Verteidigung« oder so. Und dann gibt er Mama die Schuld für das, was er gemacht hat, und überhaupt.

Ich schreie runter: »Du bist gemein, Mama! Du hast die Fernbedienung vom Fernseher mitgenommen. Du bist schuld, daß jetzt so eine Riesenunordnung im Wohnzimmer ist. Du bist schuld, daß Papas Aufnahme vom Klavierkonzert überspielt ist.«

Mama sagt nichts. Sie räumt hastig auf. Ich höre es. Jetzt kommt sie die Treppe herauf und in mein Zimmer. Sie sieht müde aus.

»Hier! Die Fernbedienung vom Fernseher.« Mama hält sie mir hin. »Sie lag im Wohnzimmer auf der Fensterbank. Hättest nur richtig nachsehen müssen. Ich hab' gedacht: Moni wird schon so vernünftig sein und nicht fernsehen. Und was ist mit dem Klavierkonzert?«

»Ich hab' hineingeredet«, sage ich.

»Was? Du hast es überspielt? Ach du liebe Zeit! Was wird Papa dazu sagen?«

»Keine Ahnung«, sage ich.

»Wir könnten den Cassettenrecorder an seinen alten Platz stellen und die Cassette herausnehmen«, überlegt Mama.

»Oh ja«, sage ich. »Und dann vergißt Papa das Klavierkonzert und hört es sich gar nicht mehr an.«

»Mal sehen«, sagt Mama und klemmt sich den Cassettenrecorder unter den Arm. »Vielleicht hast du Glück.«

»Na klar«, sage ich und klimpere mit meinen Silberknöpfen.

Mama bringt mir das Essen ans Bett. Erbsensuppe. Sie muß gleich wieder zurück in die Sparkasse. Ich erzähle ihr, wie jemand in die Sparkasse kommt, einen Überfall machen will und dort alle kopfstehen, weil die Kassiererin Bärbel Wiedemann nicht da ist. »Da nützt kein Hände–hoch–Schreien und nichts.«

Mama lacht und sieht sofort viel weniger müde aus. »Das muß ich meinen Kollegen und Kolleginnen erzählen«, sagt sie. »Noch drei Stunden, dann bin ich wieder zu Hause. Dann spielen wir ›Spitz paß auf!‹ oder ›Malefiz‹ oder ›Schwarzer Peter‹.«

»›Schwarzer Peter‹ macht zu zweit keinen Spaß!« sage ich. »Papa hat versprochen mitzuspielen.«

»Mal sehen, was heute abend im Fernsehen ist«, meint Mama. »Vielleicht interessiert es Papa nicht, und er macht mit. Tschüs, Kind!« Tür zu. Weg ist sie wieder.

»Er hat es versprochen!« schreie ich hinter ihr her. »Und Erbsensuppe mag ich nicht. Ich hab' Durst!!!!!!! Ich will Puder gegen das Jucken!!! Ich brauch' ein Taschentuch!!! Saft! Ich will Saft!«

Keiner hört mich. Wenn ich krank bin und Mama zu Hause ist, rennt sie immer und schleppt alles ran. Die schönsten Windpocken nützen nichts, wenn eine Mutter berufstätig ist.

Ich hole mir nichts zu trinken. Ich verdurste. Das hat sie davon!

Wie Matz Spatzen unter der Mütze haben sollte und
Tante Butenschön ihrem Herzen einen
ungewöhnlichen Stoß gab

Wo ist mein Fotoalbum? Oh! Hier im Bett! Aufgeschlagen. Ich hab'
auf dem Foto von Tante Anja mit meiner Kindergartengruppe gesessen.

Da ist Matz mit seiner Latzhose und der gelben Schülermütze. Die
Mütze war ihm viel zu groß. Beim Rennen mußte er sie immer festhalten. Und wir rannten meistens. Zuerst brachte mich nämlich
Matz vom Kindergarten bis zu Butenschöns Laden, und dann
brachte ich Matz von Butenschöns Laden bis zum Hochhaus. Dann
rannte ich alleine zurück.

Wenn Matz und ich schnell genug waren, hatten wir noch Zeit für
ein Gespräch mit Onkel Butenschön.

Ausgerechnet an dem Tag, an dem Matz zum ersten Mal die gelbe
Mütze auf dem Kopf trug, hatte Onkel Butenschön keine Zeit für
uns. Vor der Tür zum Hinterzimmer unterhielt er sich mit den Unzertrennlichen. So nennt Tante Butenschön Frau Mai und Herrn
Schluckebier. Die beiden sind aus dem Altersheim und kommen
immer gemeinsam zum Einkaufen. Vor der Theke stand außerdem
Erna Kupfernagel. Sie ist mit Katharina und Fritz Butenschön zur
Schule gegangen und Tante Butenschöns allerbeste Feindin. Das
sagt wenigstens Tante Butenschön von ihr.

»Ich will Klopapier. Es ist dringend!« sagte Matz, als wir in den Laden kamen, und legte etwas Kleingeld auf die Theke.

»Augenblick mal, junger Mann!« Erna Kupfernagel schob das
Kleingeld und Matz zur Seite. »Kann ja sein, daß du dringend Klopapier brauchst. Aber noch bin ich dran. Ein Pfund Margarine

bitte, Katharina! Und du, nimm mal die Mütze ab! Oder hast du Spatzen darunter?«

Matz nahm die Mütze nicht ab und gab keine Antwort. Dieselbe Frage hatte ihm Tante Anja im Kindergarten gestellt. Und dann hatten alle versucht, ihm die Mütze vom Kopf zu reißen. Sie wollten mal nachsehen wegen der Spatzen. Es nützte nichts, daß Tante Anja erklärte: »Das ist doch nur eine Redensart.«

»Fritz! Wichtige Kundschaft!« rief Tante Butenschön und zeigte auf Matz.

Nichts zu machen. Die Unzertrennlichen redeten auf Onkel Butenschön ein. Es ging um den Fernsehapparat im Gemeinschaftsraum. Bei der letzten Fernsehsendung war Frau Mai der Ton zu laut gewesen, Herrn Schluckebier zu leise.

»Er hört nicht mehr gut«, sagte Frau Mai. »Und auf unseren Zimmern dürfen wir keinen Fernseher haben. Der Krach, wissen Sie. Die Wände sind ziemlich dünn.«

Die stellen sich vielleicht an! hab' ich gedacht und gesagt: »Wir haben einen Farbfernseher, einen Videorecorder, einen Cassettenrecorder, einen Plattenspieler, ein Radio und einen Radiowecker. Von mir aus könnte alles zusammen laufen. Mir macht das nichts. Bei Krach schlaf' ich sogar besser ein.«

»Ja, ja, die Kinder von heute«, sagte Onkel Butenschön. »Sie werden mit Radio und Fernseher groß. Alle haben alles.«

»Alle nicht«, hab' ich gesagt. »Matz hat keinen Fernseher zu Hause. Bei Möllers steht bloß ein altes, vergammeltes Kofferradio rum. Das gehört dem Peter. Und die Schülermütze, die Matz auf dem Kopf hat, die gehört auch seinem Bruder. Matz will in die Schule. Deshalb nimmt er die Mütze nicht ab. Tante Anja hat ihn deswegen heute schon vor die Tür gestellt.«

»Recht so!« sagte Erna Kupfernagel. »Solche Frechheiten hätten wir uns früher nicht erlauben dürfen.«

Tante Butenschön stemmte die Arme in die Hüften und fragte:

»Findest du es etwa gut, Erna, wenn Kinder vor die Tür gestellt werden?«

Erna Kupfernagel kicherte. »Katharina Butenschön versteht etwas davon. Gib's schon zu, Katharina! Du hast oft vor der Tür gestanden und geheult. Wo bleibt eigentlich meine Tüte Mehl?« Sie klopfte mit den Fingerknöcheln auf die Theke.

Tante Butenschön holte eine Tüte Mehl aus dem Regal und stellte sie so fest vor Erna Kupfernagel auf die Theke, daß es staubte. »Na und? Soll ein Kind mit Wut im Bauch so ganz allein vor der Tür etwa in Lachen ausbrechen?«

»Matz hat nicht geheult«, hab' ich gesagt. »Matz hat Klopapierschlangen gemacht und Vielfüßler.«

Klopapierschlangen? Vielfüßler? Damit konnte niemand etwas anfangen.

»Matz hat alle Klopapierrollen von den Toiletten geholt, das Klopapier abgewickelt und von einem Kleiderhaken zum anderen gespannt. Kreuz und quer. Wie Luftschlangen. Und dann hat er noch alle Schuhbänder von den Schuhen, die im Gang standen, zusammengeknotet. Matz kann nämlich noch nicht gut Schleifen binden. Ich hab' Matz hinterher beim Aufknoten geholfen. Das hätte er allein nicht geschafft.«

»Das hätte er aber allein machen müssen. Strafe muß sein!« Erna Kupfernagel steckte Margarine und Mehltüte in ihre Tasche und wollte gehen.

»Vergiß nicht zu bezahlen!« Tante Butenschön hielt ihre Hand auf. Erna Kupfernagel stöhnte, zahlte und sagte: »Klopapierschlangen! Vielfüßler! Solche Ungezogenheiten hätten wir uns als Kinder niemals erlaubt, nicht wahr, Fritz?«

Onkel Butenschön zwinkerte uns zu. »Als ich ein kleiner Junge war«, sagte er, »haben mich meine Eltern mal zur Strafe in der guten Stube eingesperrt. Das Wohnzimmer hieß bei uns so. Es wurde nur am Sonntag benutzt. Als ich dort allein war, hab' ich alle Fransen verknotet. Die Fransen der guten Tischdecke, die Fransen der guten Fenstervorhänge und die Fransen der Couch.«

»Red nicht so viel, Fritz! Sonst hast du gleich Fransen am Mund. Frag lieber mal den Matz, was er will!« Das war echt Tante Butenschön.

»Klopapier!« sagte Matz schnell und sah sie dankbar an. »Sechs Rollen vom allerfeinsten.«

»Für das bißchen Kleingeld da kriegst du nicht mal eine Rolle!« sagte Erna Kupfernagel. »Mußt wohl neues Klopapier mitbringen, was? Das geschieht dir recht.«

Tante Butenschön brummte etwas vor sich hin, das verdächtig nach »Giftnudel« klang, verschwand hinter einem Regal, kam zurück und stellte eine Packung Klopapier auf die Theke. »Hier! Sechs Rollen vom allerfeinsten!« Sie nahm das Kleingeld, das Matz auf die Theke gelegt hatte, und steckte es unbesehen in ihre Schürzentasche.

»Diesen Tag werde ich im Kalender rot anstreichen«, sagte Erna Kupfernagel. »Katharina Butenschön hat ihrem Herzen einen Stoß gegeben und Klopapier verschenkt. Nehmt es und verschwindet, bevor sie es sich anders überlegt!«

»Halt!« sagte Tante Butenschön, als Matz das Klopapier von der Theke nehmen wollte. Tat es ihr schon leid? Nein. Tante Butenschön sah Erna Kupfernagel böse an, schrieb etwas auf ein Blatt Papier und las vor:

> Sehr geehrte Tante Anja,
> wenn Du meinen Freund Matz
> noch einmal vor die Tür stellst,
> komme ich Dir auf den Kopf.
> Hochachtungsvoll, Katharina Butenschön.

Matz klemmte sich das Klopapier unter den Arm und rannte los. »Jetzt kann Mama nicht schimpfen!« hat er gerufen.

Am nächsten Mittag haben Matz und ich Tante Butenschön einen
Antwortbrief von Tante Anja gebracht. Onkel Butenschön las laut
vor:

> Eine Katharina Butenschön auf dem Kopf?
> Nein, danke!
> Ich werde nie wieder
> ein Kind vor die Tür stellen.
> Hochangstvoll, Tante Anja.

»Donnerwetter! Diese Tante Anja ist schwer in Ordnung!« Onkel
Butenschön war begeistert.
»Ach was!« hab' ich gesagt. »Du hast ja hoch*angst*voll vorgelesen.
Die Tante Anja hat bloß Angst vor Tante Butenschön. Sonst
nichts.«

Tante Butenschön schleppte gerade leere Obstkisten in den Laden. Vier auf einmal. An jeder Hand zwei.

»Ja«, sagte Matz voller Bewunderung. »Tante Butenschön ist eine echt starke Frau.«

In dem Augenblick hätte Tante Butenschön beinahe gelacht. Ich hab's ihr angesehen. In ihren Augen hat es geglitzert. Aber als sie merkte, daß ich sie beobachtete, hat sie ruppig gesagt: »Raus mit euch! Jetzt wird dichtgemacht!«

»Der Laden? Für immer?« Matz und ich fragten es wie aus einem Mund.

»Ach was! Mittagspause!«

Wir haben Tante Butenschön beim Hereinschleppen der letzten vollen Obstkiste geholfen. Sie hätte sie über Mittag gern draußen auf dem Ständer vor dem Fenster gelassen. Aber es war schon zu oft was geklaut worden.

Zum Dank bekam jeder von uns einen Apfel von Onkel Butenschön. Heimlich. Draußen vor der Ladentür. »Psst! Nicht bedanken! Meine Katharina muß nicht alles wissen!«

Matz und ich haben genickt und sind schnell hinter der Hausecke verschwunden. Matz hat sofort in seinen Apfel gebissen. Ich nicht. Ausgerechnet in einer Kindersendung, die ich unheimlich mag, hab' ich Apfelwickler und Ohrenkrabbler in einem Apfel gesehen. In Großaufnahme.

»Und wenn nun Apfelwickler oder Ohrenkrabbler in dem Apfel sind?« hab' ich Matz gefragt.

»Da ist keiner drin«, hat Matz gesagt und weitergegessen.

Wie Matz und ich im Kindergarten Märchen
erzählten und Tante Anja bei mir den Knopf zum
Lauterstellen suchte

Matz trug die gelbe Schülermütze auch noch am nächsten Tag. Im Kindergarten achtete niemand mehr darauf. Niemand riß sie ihm mehr herunter. Niemand wollte mehr nachsehen, ob Spatzen darunter waren.

»Ich bin schon reif!« sagte Matz laut zu Tante Anja. »Ich bin reif für die Schule.«

»An einer gelben Schülermütze sieht man nicht, ob jemand reif für die Schule ist«, sagte Tante Anja. »Zuerst müßt ihr mal euer Märchen erzählen. Wer vor anderen Kindern etwas erzählen kann, ist schulreif. Das müßt ihr nämlich auch in der Schule machen.«

»Was? Nur wer Märchen erzählen kann, soll reif für die Schule sein?« Onkel Butenschön wunderte sich, als wir ihm im Laden davon berichteten.

»Jedes Kind, das zum nächsten Schuljahr in die Schule kommt, soll ein Märchen erzählen.«

»Als ich ein kleiner Junge war«, sagte Onkel Butenschön, »sollte ich zu Weihnachten ein Gedicht aufsagen. Ein ganz kurzes Gedicht. Sie haben es mir vorgesagt. Meine Mutter, mein Vater, meine Geschwister. Immer und immer wieder. Bis ich es auswendig konnte. Aber als die Verwandten mich anguckten, kriegte ich keinen Ton heraus. Da hab' ich auf meine Schuhspitzen gestarrt, in mich hineingehorcht und das Gedicht aufgesagt. Ruck, zuck war alles vorbei. Na ja, im Kindergarten ist es bestimmt noch schwieriger. Ihr habt keine Lust zu dem Test, was?«

Matz und ich sahen uns an und nickten, obwohl wir nicht genau

wußten, was ein Test ist. Auf jeden Fall etwas Unangenehmes, hab'
ich gedacht.

»Wir haben das noch nie gemacht«, sagte Matz.

»Aber beim Fernsehen habt ihr schon mitgemacht«, sagte Tante
Butenschön. »Damals haben euch viel mehr Menschen zugesehen
und zugehört. Also, ran an den Speck, ich meine das Märchen! Ihr
werdet wohl in den sauren Apfel beißen müssen.« Tante Butenschön meinte damit, daß wir nicht darum herumkommen würden,
ein Märchen zu erzählen.

Wir haben es auch gemacht. Aber erst ganz zum Schluß. Immer,
wenn Tante Anja fragte: »Na, wie ist es heute mit dem Märchen?«,
sagte Matz: »Märchen sind blöd.« Und ich sagte: »Ich bin noch
nicht soweit.«

An einem Morgen haben wir uns verabredet. Matz ist ganz früh zu
Tante Anja gegangen und hat gesagt: »Heute pack ich's!«

»Was?« fragte Tante Anja.

»Dieses dämliche Märchen«, sagte Matz. »Ich erzähl das jetzt.« Er
hat auf seine Schuhspitzen hinuntergesehen und losgelegt: »Da
war mal so'n Mädchen mit 'ner roten Mütze. Rotkäppchen. Das
sollte seiner Großmutter Kuchen bringen. Die war nämlich krank
und wohnte irgendwo allein im Wald. Im Wald war der Wolf. Der
fragte: ›Wohin des Wegs?‹ oder so. Das Rotkäppchen petzte.«

»Halt!« sagte Tante Anja. »Was meinst du mit petzen?«

»Die olle Petze hat dem Wolf verraten, daß sie zu ihrer kranken
Großmutter will. Dabei wußte die ganz genau, daß der Wolf am
liebsten kranke Omas fraß. Die können sich nämlich nicht wehren.
Als Rotkäppchen in das Haus kam, lag der Wolf im Bett. Er hatte
die Großmutter schon im Bauch und ihre Haube auf dem Kopf.
Und da fragte doch dieses Rotkäppchen: ›Warum hast du so ein
großes Maul, Großmütterchen?‹ Es hat den Wolf nicht erkannt.
›Damit ich dich besser fressen kann!‹ hat der Wolf gesagt und das
Mädchen auch noch verschlungen. Das kommt davon, wenn man

90

so dumm ist. Ich hätte sofort gesehen, daß das ein Wolf war und keine Großmutter. Märchen sind doof.«

Tante Anja lachte. »Vielleicht hat Rotkäppchen seine Brille zu Hause gelassen. Wartet mal! Gab es damals überhaupt schon Brillen?« Tante Anja wußte es nicht.

»Ist doch egal«, hab' ich gesagt. »Jetzt bin ich dran. Seid schön leise. Legt die Hände auf die Knie und baumelt nicht mit den Beinen. Das macht mich nervös.«

Alle haben gelacht. So fing nämlich Tante Anja immer an, wenn sie uns Märchen erzählte.

»Ruhe!« hab' ich gesagt und angefangen: »Die sieben Geißlein, ein Märchen der Gebrüder Grimm.« Ich hab' erzählt und erzählt, dabei nach innen gehorcht und nicht gehört, daß Tante Anja immer wieder »Lauter, Moni!« sagte. Das weiß ich von Matz. Ich hab' auch nicht mitgekriegt, daß Dirk ganz laut gerufen hat: »Das ist ja ganz genau wie auf meiner Märchencassette. Jedes Wort stimmt!« Ich hab' erzählt und erzählt.

»Tja, dann muß ich wohl mal nachsehen, wo bei Moni der Knopf zum Lauterstellen ist«, hat Tante Anja schließlich gesagt. Sie hat sich vor mich gestellt und an einem Knopf von meiner Strickjacke gedreht.

Das hab' ich endlich mitgekriegt und lauter gesprochen. Alle haben gelacht und »Weiter! Weiter!« gerufen. Plötzlich hatte ich überhaupt keine Angst mehr. Als ich fertig war, haben alle geklatscht und gesagt: »Du kannst unheimlich gut Märchen erzählen. Besser als Tante Anja!«

Tante Anja hat die Stirn gerunzelt und gefragt: »Hast du dir etwa Tag für Tag die Märchencassette mit den ›Sieben Geißlein‹ angehört, Moni?«

»Ja.«

»Und deshalb hast du immer zu mir gesagt, du wärst noch nicht soweit?«

»Ja.«

»Meine Güte!« sagte Tante Anja. »Hast du dir viel Arbeit gemacht!« Und dann hat sie allen Müttern, die ihre Kinder am Kindergarten abholten, erzählt, daß Moni Wiedemann durch Cassettenhören ein Märchen Wort für Wort auswendig gelernt hätte und erst durch Knopfdrehen lauter zu stellen gewesen wäre. Zuerst loben und dann petzen. So eine Gemeinheit!

Ausgerechnet an dem Tag hat Frau Möller Matz abgeholt. Sie hat mich mitleidig angesehen und zu Matz gesagt: »Deine Freundin Moni ist wie eine Puppe mit Cassette im Bauch.«

»Nee«, hat Matz gesagt. »Solche Puppen sagen bloß: ›Ich hab' Hunger! Ich will schlafen! Ich bin lieb! Ich muß aufs Töpfchen!‹ Sie machen auf Kommando in die Hose und schreien und lachen, wenn man sie auf den Bauch oder auf den Rücken legt. Je nachdem. So ist Moni nicht.«

»Hast recht!« hat Frau Möller gesagt. »So ist Moni nicht. Und das muß ich zugeben: Ich könnte mir eine Cassette noch so oft anhören, Wort für Wort könnte ich den Text niemals hersagen. Das war eine reife Leistung, Moni!«

Was ein Kann–Kind ist, und warum Matz
dringend eine Tüte von
Tante Butenschön brauchte

»Die Schultüten! Sind sie schon da?« fragte Matz.

Onkel Butenschön stellte Hundefutterpackungen auf den Ständer vor dem Laden. Ein Sonderangebot. Er schüttelte den Kopf. »Immer noch keine Schultüten«, sagte er.

»Ich hab' von Moni gehört, daß ihr im Kindergarten eure Märchen erzählt habt. Jetzt seid ihr also schulreif und kommt bald in die Schule.«

Matz stützte die Ellbogen auf die Kiste mit dem Hundefutter und sagte: »Denkste! Ich bin ein Kann–Kind.«

»Ein Kann–Kind?« Onkel Butenschön ging die Treppe zum Laden hinauf. »Was ist das?« Er blieb stehen und sah mich an. »Bist du auch ein Kann–Kind, Moni?«

»Nein. Ich bin ein Muß–Kind. Ich muß in die Schule.«

»Und ich bin eben ein Kann–Kind. Ich kann in die Schule, aber ich muß nicht. Ich bin noch nicht so alt, daß ich muß.« Matz hat fast geheult.

»Na, dann wartest du noch ein Jahr«, sagte Onkel Butenschön. »So toll ist die Schule nun auch wieder nicht. Man muß dort hart arbeiten.«

»Ich will mit Moni in die Schule oder gar nicht«, sagte Matz. »Und Moni muß *jetzt.* In diesem Jahr.«

»Recht hast du«, sagte Tante Butenschön, die plötzlich in der Ladentür stand. »Ihr zwei gehört zusammen. Und was du willst, das kannst du auch.«

Matz schüttelte den Kopf. »Ich kann ja, ich will auch, aber ich darf nicht.«

»Wer verbietet das?« Tante Butenschön stemmte die Arme in die Hüften.

»Meine Mama will es nicht«, sagte Matz und sah zu Boden.

»Es ist wegen Erna Kupfernagel«, hab' ich gesagt. »Matz hat der mal auf die Handtasche gekotzt. Im Bus. Auf der Fahrt nach Biel. Matz soll noch nicht jeden Tag mit dem Schulbus fahren, sagt seine Mama. Wenn er ein Jahr älter ist und kräftiger, kann er mehr aushalten, meint sie.«

Tante Butenschön stapfte die Treppe vor dem Laden herab. »So, so, meint sie das?«

Sie faßte Matz kurz unters Kinn, damit er zu ihr aufsehen mußte, und machte sich dann an den Hundefutterpackungen zu schaffen.

»Wird dir denn beim Fahren leicht schlecht?«

Matz schüttelte energisch den Kopf. »Nicht leicht. Nur einmal. Als ich vorher Pflaumenkuchen gegessen hatte.«

»Viel zuviel Pflaumenkuchen, was?« vermutete Tante Butenschön.

»Und ausgerechnet Erna Kupfernagel hat dir gegenübergesessen?« Matz nickte.

»Und die hat natürlich ein Mordstheater gemacht, wie ich sie kenne.«

»Oh, diese Erna!« Tante Butenschön war richtig wütend. »Und jetzt denkt deine Mama: Einmal gekotzt, immer gekotzt, was?«

»Hm.« Matz schluckte.

»So ein Quatsch!« sagte Onkel Butenschön.

»Du schaffst das schon!« sagte Tante Butenschön. »Ich hab' extra schöne Schultüten bestellt. Ganz bunt, mit roten Fransen am Rand für Moni und mit blauen Fransen am Rand für dich.«

»Mach Matz nicht den Mund wässrig. Ist schon schlimm genug, daß er kann und will und nicht darf!« sagte Onkel Butenschön.

In dem Augenblick kamen die Unzertrennlichen und blieben vor dem Laden stehen. Eigentlich wollten sie Schuhcreme kaufen. Aber Onkel Butenschön wollte von ihnen wissen, was ein Kann–Kind ist. Er tat so, als wäre er ein Quizmaster vom Fernsehen.

Frau Mai und Herr Schluckebier hatten keine Ahnung.

»Null Punkte!« sagte Onkel Butenschön und erzählte ihnen die traurige Geschichte von einem Jungen, der einmal in seinem Leben auf eine Handtasche gebrochen hatte und deshalb nicht in die Schule dürfen sollte.

Frau Mai schwärmte von ihrem ersten Lehrer. »Der mochte mich. Der hat immer Maikäferchen zu mir gesagt.«

Herr Schluckebier sprach von einem Stöckchen, das der Lehrer immer bei sich getragen hatte. »Damit kriegten wir eins übergebraten, wenn wir nicht artig waren.«

»Lehrer dürfen Kinder nicht schlagen!« sagte Matz und wollte gehen. Die alten Schulgeschichten interessierten ihn jetzt nicht.

»Warte, Matz!« Onkel Butenschön hielt ihn fest. »Ich erzähle dir, wie ich schwimmen lernte.«

»In der Schule muß man erst nach dem dritten Schuljahr das Schwimmen lernen«, sagte Matz. »Das weiß ich von meinem Bruder.« Er wollte fort.

»Damals lernten wir das Schwimmen nicht in der Schule«, sagte Onkel Butenschön und hielt Matz weiter fest. »Meine Brüder konnten schon schwimmen. Ich war zehn Jahre alt und konnte es noch nicht. Sie machten sich über mich lustig und sagten: ›Geh nicht ins Wasser, Fritz! Wasser hat keine Balken!‹ Ich ging ins Schwimmbad. Heimlich. Das Geld für die Eintrittskarte hatte ich mir geliehen. Ich hatte mir fest vorgenommen, es wieder in die Tasse im Küchenschrank zu legen, wenn ich so viel zusammengespart hatte.«

»Es war geklaut!« hab' ich gesagt.

»Ja, so kann man das auch nennen«, sagte Onkel Butenschön. »Aber es war ja für einen guten Zweck. Da stand ich nun und hatte

Angst, einfach so ins Wasser zu springen. Meine Brüder hatten mich schon ein paarmal ausgelacht, weil ich Wasser geschluckt und geheult hatte. Im Schwimmbad gab es Schwimmbüchsen. Das waren große, wasserdichte Blechdosen mit Riemen, die man sich auf den Rücken schnallte. Sie enthielten Luft und sollten verhindern, daß Nichtschwimmer untergingen.«

»Aus Blech?« Matz hat sich an den Kopf gefaßt und gekichert. »Du hättest Plastikschwimmflügel nehmen sollen oder einen Schwimmring aus Plastik.«

»Plastik?« Onkel Butenschön sah in die Runde. Frau Mai und Herr Schluckebier schmunzelten.

»Plastik kannte man damals noch nicht«, sagte Onkel Butenschön. »Das war noch nicht erfunden. Ich hab' also mit der Dose auf dem Rücken eine Runde durch das große Schwimmbecken gewagt, durch das tiefe, in dem man nicht stehen konnte. Der Bademeister hat mir dabei zugesehen. Als ich aus dem Wasser stieg, sagte er: ›Kannst prima schwimmen, mein Junge. Alle Achtung!‹ Ich dachte: Der Mann macht Witze. Mit der Blechbüchse auf dem Rücken ist das ja keine Kunst. Aber der Bademeister zeigte auf die Schwimmbüchse und fragte: ›Merkst du nicht, wie schwer sie ist? Sie ist kaputt. Ist total voll Wasser.‹ Tatsächlich. Wasser lief aus einem winzigen Loch. Und auf einmal spürte ich die Last auf meinem Rücken, die mich richtig nach unten zog. Nachträglich kriegte ich noch weiche Knie. Aber der Bademeister sagte: ›Nur Mut, Jungchen! Wenn du mit der schweren Dose auf dem Rücken über Wasser geblieben bist, kannst du es doch erst recht ohne, oder?‹ Und ob ich konnte! Und wie schnell ich ohne das schwere Ding vorankam! Meine Brüder haben vielleicht gestaunt, als ich beim nächsten gemeinsamen Schwimmen ins Wasserbecken sprang und losschwamm. Zwei von ihnen sind mir nachgesprungen und wollten mich retten. – Na, wie gefällt dir die Geschichte?« Onkel Butenschön sah Matz gespannt an.

»Nicht schlecht«, sagte Matz. Und dann hat er plötzlich gestrahlt und gesagt: »Ich hab' eine Idee! Hast du mal 'ne Tüte, Tante Butenschön?«

Aufgespießt auf einen Fleischerhaken, hingen braune Papiertüten an einer der Obstkisten. Zack! Tante Butenschön riß eine Tüte ab und hielt sie Matz hin.

Matz wehrte ab. »Papier geht nicht! Ich brauch' eine Tüte aus Plastik.«

»Ich bin für Umweltschutz«, sagte Tante Butenschön. »Plastiktüten verrotten nicht. Ich hab' nur noch eine einzige für Notfälle.«

»Es ist dringend!« sagte Matz.

»Na gut! Weil du es bist. Komm!« Tante Butenschön stapfte die Treppe zum Laden hinauf. Matz, Onkel Butenschön, die Unzertrennlichen und ich folgten ihr.

»Bring sie mir zurück, wenn du sie nicht mehr brauchst!« Tante Butenschön legte die Tüte auf die Theke. »Ist nur geliehen!«

Matz hat genickt. »Ist ja nur für alle Fälle!« Dann ist er mit der Tüte davongerannt.

»Was meinte er mit ›Für alle Fälle‹?« hat Tante Butenschön gefragt. Die Unzertrennlichen wußten es nicht.

Onkel Butenschön schmunzelte. »Na«, sagte er. »Ob die Tüte nachher noch zu gebrauchen ist?« Er kratzte sich am Kopf.

»Aber Fritz! Du meinst doch nicht etwa, daß Matz in die Tüte . . .?«

»Doch. Das meine ich«, sagte Onkel Butenschön.

Ich bin hinter Matz hergerannt. »Was willst du mit der Tüte machen, Matz?«

»'ne Probefahrt!« schrie Matz.

»Heute?« wollte ich wissen.

»Mal sehen!«

Ich hab' ihn gefragt, ob er mich mitnimmt. Aber Matz wollte nicht. Er hat gesagt: »So was muß man ganz allein machen.«

Wie Matz eine Probefahrt machte und Erna Kupfernagel zuerst eine Tüte und dann der Kragen platzte

Eine Probefahrt wollte Matz machen. Ohne mich.

Ich hab' gedacht: Matz braucht mich, und bin ihm nachgeschlichen. Matz ging in Richtung Bushaltestelle. Die Tüte hatte er mit. Er ging langsam und blieb ab und zu stehen.

Ich bin schnell nach Hause gerannt. Ich weiß, wo Mama die Zehnerkarten für den Bus aufhebt, hab' sie sofort gefunden und versucht, Matz einzuholen. »Silberknöpfe, Silberknöpfe, bringt mir Glück!« hab' ich gesagt und mit den Knöpfen geklimpert.

Da! Matz ging auf die andere Straßenseite. Noch ein paar Schritte bis zum Wartehäuschen. Ich war noch weit zurück. Nur nicht auffallen! Matz verschwand im Wartehäuschen und setzte sich auf die Bank. Alles klar, hab' ich gedacht. Nichts wie hin!

Zu spät. Der Bus! Ich stand noch auf der anderen Straßenseite und konnte nicht hinüber. Zuviel Verkehr. Ein Auto nach dem anderen brauste vorbei. Der Bus hielt an. Ich konnte hören, wie die Türen auf- und zuzischten, dann fuhr er wieder ab. So eine Gemeinheit! Ich hatte doch mitfahren wollen. Aus. Pech gehabt.

Denkste. Matz saß noch auf der Bank. Er war nicht mitgefahren. »Hau ab!« schrie er, als er mich sah. »Ich brauch' dich nicht! Ich mach' das allein.«

»Das kannst du nicht!« hab' ich gesagt.

»Doch. Was ich will, das kann ich auch.«

»Und woher weißt du, ob sie dir glaubt?« hab' ich ihn gefragt.

»Wer? Was?«

»Deine Mutter. Die Probefahrt! Daß du nicht gekotzt hast und so.«

Matz rutschte unruhig auf der Bank hin und her.

»Ich setz' mich im Bus ganz nach hinten«, hab' ich gesagt. »Ich tue so, als ob ich dich nicht kenne. Hast du eine Fahrkarte?«

»Nein«, sagte Matz. »Brauch' ich nicht. Ich bin doch erst fünf. Und du?«

»Ich hab' eine Zehnerkarte«, hab' ich gesagt. Die lag bei uns so rum.«

»Und du hast die einfach genommen?«

»Ist ja für einen guten Zweck«, hab' ich gesagt.

»Na gut«, meinte Matz. »Aber wir kennen uns nicht. Hand drauf?«

Ich hab' ihm die Hand drauf gegeben. Von da an redete Matz nicht mehr mit mir und ich nicht mehr mit ihm.

Als der Bus kam, sind wir eingestiegen. Da saß gleich vorne ein Mann, der ein Stück Kuchen aß. Ausgerechnet Pflaumenkuchen! Matz starrte immerzu auf den Kuchen und schluckte. Ist ja klar, hab' ich gedacht. Er stellt sich die Handtasche von Erna Kupfernagel vor. Wie er sie damals vollgekotzt hat.

Ich bin zum Automaten gegangen und hab' meine Fahrkarte abstempeln lassen. Dann hab' ich mich ganz nach hinten gesetzt. Die letzte Bank im Bus ist höher als die anderen. Von dort aus kann man alles gut übersehen.

»He! Du!« Der Busfahrer meinte Matz. Matz ging nach vorne. »Wie alt bist du?«

»Fünf« antwortete Matz und sah sich nach mir um.

In dem Augenblick stieg Erna Kupfernagel ein. Sie zeigte ihre Dauerkarte vor, setzte sich auf den Sitz gegenüber von dem Mann mit dem Kuchen und stellte eine Einkaufstüte neben sich. Die Tüte war zum Platzen voll.

Matz hatte Erna Kupfernagel nicht bemerkt. Es war nur noch ein Platz frei. Der neben dem Mann mit dem Kuchen. Der Busfahrer gab Gas. Matz fiel auf den Sitz. Ab ging's in Richtung Biel.

Oh je! Matz hielt sich die Plastiktüte von Tante Butenschön vors

Gesicht. Jetzt schon? Nein. Falsch gedacht. Matz probierte nur aus, ob er die Tüte auch schnell genug vor den Mund bekam. Für alle Fälle.

In dem Augenblick erkannte ihn Erna Kupfernagel. »Du?« fragte sie entsetzt und schluckte.

Matz wurde ganz klein auf seinem Sitz. Erna Kupfernagel zerrte an ihrer Einkaufstüte herum. Sie wollte sie schnell vor Matz in Sicherheit bringen. Die Tüte platzte. Kartoffeln kullerten durch den Bus. Viele Kartoffeln.

Gab das ein Gelächter!

Nur Matz und Erna Kupfernagel lachten nicht. Matz hielt krampfhaft seine Plastiktüte fest. Erna Kupfernagel schwankte durch den Bus und versuchte ihre Kartoffeln einzusammeln. Bücken, schnell aufheben, wieder aufrichten, festhalten! Wie hält man sich fest, wenn man die Hände voller Kartoffeln hat? Wohin mit den Kartoffeln? Erna Kupfernagels Tüte war kaputt.

Matz rutschte vom Sitz. Es ist nicht einfach, in einem fahrenden Bus herumzukriechen und Kartoffeln einzusammeln. Matz machte es. Er warf Kartoffeln in Tante Butenschöns Tüte. In die Tüte für Notfälle.

Dies war ein Notfall!

Alle bückten sich jetzt, hoben Kartoffeln auf und reichten sie Matz. Er sammelte nicht nur Kartoffeln ein, sondern auch viel Lob. »Das findet man heutzutage selten!« – »Ein netter Junge!« – »Prima gemacht!«

Der nette Junge schleppte die volle Tüte zu Erna Kupfernagel. Die warf die Kartoffeln, die sie in den Händen hielt, hinein, sagte: »Danke, mein Junge! Lieb von dir!«, nahm ihm die schwere Tüte ab, drückte ihm ihre kaputte in die Hand und setzte sich schnell wieder hin.

»Vorsicht!« sagte Matz zu Erna Kupfernagel. »Die Tüte ist nur geliehen. Sie gehört Tante Butenschön.«

»So, so!« sagte Erna Kupfernagel.

»Ja, das ist ihre einzige Plastiktüte. Sie hat doch auf Papiertüten umgestellt. Wegen Umweltschutz. Plastik verrottet nicht. Die Tüte hier ist nur für Notfälle.«

»Verstehe. Ich bringe sie ihr zurück«, sagte Erna Kupfernagel.

»Kannst dich fest darauf verlassen!«

Matz setzte sich auf seinen Platz. Er öffnete Erna Kupfernagels Einkaufstüte und sah bis auf den Boden. Oh Schreck! Kein Boden mehr da, was? Matz hob die Tüte hoch und versuchte sie unten zuzuhalten. Ich hab' hinten im Bus den Atem angehalten und gedacht: Hoffentlich wird es Matz nicht schlecht. Jetzt darf es ihm nicht mehr schlecht werden. Wir sind ja auch bald in Biel. Und wir wollen doch zusammenbleiben. Wir wollen in eine Klasse, der Matz und ich.

Alles ging gut.

Matz stieg vor der Schule in Biel aus. Ich auch. Gemeinsam warteten wir auf den Gegenbus für die Rückfahrt. Stumm natürlich. Wir kannten uns ja nicht. Die Rückfahrt hat auch geklappt.

Gratulieren konnte ich Matz nicht. Er rannte sofort weg. Ich bin zu Butenschöns gegangen. »Die Probefahrt von Matz«, hab' ich gesagt.

»Was ist mit der Tüte?« hat Tante Butenschön gefragt.

»Voll!« hab' ich gesagt.

»Ach du liebe Zeit!« Onkel Butenschön sah traurig aus.

»Voll Kartoffeln!« hab' ich gesagt und alles erzählt. Mensch, waren Butenschöns froh. Ich glaube, Tante Butenschön ging es sowieso nicht um die Tüte. Es ging ihr um Matz.

Ich hab' sie scharf angesehen. Ich wollte es herauskriegen. »Gaff nicht so!« hat Tante Butenschön gesagt und sich um die Unzertrennlichen gekümmert, die nicht wußten, ob sie Äpfel oder Bananen oder Seife kaufen wollten.

»Hallo!« sagte da plötzlich jemand. Erna Kupfernagel stand in der Tür und schwenkte die Tüte für Notfälle. »Mit Dank und etwas

Kartoffelstaub zurück!« sagte sie. »Wenn ich den Jungen und deine Tüte nicht gehabt hätte, Katharina! Ich weiß nicht, was ich gemacht hätte.«

Plötzlich stand auch Matz in der Ladentür. Ich wette, er hatte irgendwo auf der Lauer gelegen und gewartet, bis Erna Kupfernagel mit der Tüte auftauchte. Wir haben Orangensaft – frisch ausgepreßt – auf die gelungene Probefahrt getrunken. Gestiftet von *Tante* Butenschön.

»Ein Wunder!« sagte Erna Kupfernagel. Sie hob ihr Glas und prostete Onkel Butenschön zu. »Fritz, das mußt du im Kalender rot anstreichen.«

»Prost!« sagte Onkel Butenschön schnell. »Wenn dieser Junge nicht schulreif ist, wer ist es dann?«

»Aber wenn seine Mutter ihn nicht anmelden will, dann will sie nicht«, sagte Tante Butenschön. »Und du bist schuld daran, Erna. Du mit deinem frechen Mundwerk.«

Erna Kupfernagel sah sich empört um. »Fritz! Hör dir das an! Mir platzt gleich der Kragen. Deine Katharina. Immer hackt sie auf mir rum! Wieso bin ich daran schuld, wenn der Junge nicht in die Schule darf?«

»Ganz einfach!« Tante Butenschön hat Erna Kupfernagel durchdringend angeschaut. »Weil du, als Matz dir damals im Bus auf die Handtasche gekotzt hat, ein Mordstheater gemacht hast. Deshalb will seine Mutter ihn jetzt noch nicht in die Schule lassen.«

»Was hat meine Handtasche mit der Schule zu tun?« wollte Erna Kupfernagel wissen.

»Die Fahrt mit dem Schulbus«, sagte Onkel Butenschön.

»Seine Mutter meint, Matz schafft sie noch nicht Schultag für Schultag«, sagte Tante Butenschön. »Einmal gekotzt, immer gekotzt, verstehst du?«

»Na, das wollen wir doch mal sehen!« sagte Erna Kupfernagel. An die eine Hand nahm sie Matz, an die andere mich. Unter dem Arm trug sie die Handtasche, die Matz mal vollgebrochen hatte. Sie machte Riesenschritte. Matz und ich kamen kaum mit.

»Na, das wollen wir doch mal sehen!« sagte sie auch, als wir im siebten Stock aus dem Aufzug stiegen und bei Möllers klingelten.

Frau Möller öffnete die Tür. Sie dachte sofort, Matz hätte etwas angestellt.

»Nein, nein. Ganz im Gegenteil!« sagte Erna Kupfernagel. »Ihr Sohn ist ein feiner Kerl. Äußerst hilfsbereit und umsichtig für sein Alter. Er hat mir aus einer großen Verlegenheit geholfen. Sie hätten mal sehen sollen, wie er im Bus unter den Sitzen herumgekrochen ist.«

»Im Bus? Unter den Sitzen? Was hattest du denn im Bus zu suchen?«

»Kartoffeln!« sagte Erna Kupfernagel. »Meine Kartoffeln. Frühe Ernte, gekauft bei Bauer Hansen. Für meine Freundin in Biel.«

Und dann haben Erna Kupfernagel und ich Frau Möller erzählt, wie Matz in den Bus gekommen ist und was er da gewollt hat.

»Wir zwei«, sagte Erna Kupfernagel zum Schluß feierlich, »sind seine Zeuginnen. Ihr Sohn hat die Probefahrt glänzend bestanden. Wenn ihm beim Herumkriechen im schlingernden Bus nicht schlecht geworden ist, wird ihm bestimmt nie mehr schlecht. Oder sind Sie anderer Ansicht?«

Frau Möller hat Matz erstaunt angesehen und den Kopf geschüttelt. Ganz langsam. Immer wieder. »Oh Matz, du bist mir einer. Probefahrt? Du? Ganz allein?«

»Er kommt dann ja wohl auch jetzt in die Schule, nicht wahr?« Erna Kupfernagel schlenkerte mit ihrer Handtasche.

»Ja«, sagte Frau Möller und nahm Matz in den Arm. Und bei dem Ja blieb es. Matz wurde von seiner Mutter für den Schulbesuch angemeldet. Er durfte sich bei Onkel und Tante Butenschön eine von den Schultüten aussuchen.

Wie Matz und ich getrennt werden sollten und
Tante Butenschön und Erna Kupfernagel sich
stritten, obwohl mein erster Schultag war

Beinahe wären wir nicht in eine Klasse gekommen, der Matz und
ich. Daran war Frau Lehmann schuld. Sie ist klein, alt, grauhaarig
und etwas keifig.
Wir saßen im Gemeinschaftsraum. Alle Kinder und ihre Eltern.
Der Vater von Matz konnte nicht kommen. Er hatte aus dem Aus-
land geschrieben und Matz viel Glück gewünscht. »Mama wollte,
daß Peter mitgeht«, hat Matz gesagt. »Aber Peter wollte nicht. Da
hat sie gesagt, daß er fotografieren muß, weil sie das nicht kann.
Nur deshalb ist er mitgekommen.«
Matz und ich saßen nebeneinander. Wir haben über Peter gelacht.
Die Stuhlreihen standen sehr eng, und er wußte nicht, wohin mit
seinen langen Beinen. Matz und ich reichten mit den Füßen nicht
mal bis zum Boden.
Der Rektor hielt eine Rede. Von »Stationen auf dem Lebensweg«.
»Die Schule ist eine der wichtigsten Stationen zwischen Geburt
und Tod«, sagte er. Ich hab's genau gehört. Ich mag es nicht, wenn
Leute vom Tod reden. Das ist mir unheimlich. Weil ich nicht weiß,
wie es ist, wenn man tot ist. Ich hab' mir alle Eltern und alle Kinder im Saal angesehen und mir ganz fest gewünscht, daß alle gesund sind. Dabei hab' ich mit den Silberknöpfen geklimpert. Mama
sagt zwar immer, ich sollte lieber abends beten, anstatt immerzu
zu klimpern. Aber ich mach' beides. Das ist sicherer.
Mama stieß mich an. »Träum nicht, Moni! Paß auf! Eure Namen
werden vorgelesen!«
Ich hab' zugehört. Ganz genau. Ich sollte in die 1a zu Frau Krauss,

Matz in die 1b zu Frau Lehmann. Wir mußten nach vorne gehen und uns zu der richtigen Lehrerin stellen.

Ich wollte zu Frau Krauss. Aber Matz hat sich an meinem Arm festgeklammert. Ich sollte mit ihm zu Frau Lehmann. Die anderen Kinder standen schon bei ihren Klassen. Nur Matz und ich standen in der Mitte. Frau Lehmann wollte uns trennen. Sie hat an Matz herumgezerrt. Matz hat sie getreten und »Nein!« gebrüllt.

»Nur mit Moni! Sonst gar nicht!«

Der Rektor hat gelacht und gesagt: »Siamesische Zwillinge soll man nicht trennen. Das sollten Sie wissen, Frau Lehmann. Lassen Sie die zwei zusammen!«

Matz und ich wollten natürlich zu der jungen, hübschen Lehrerin gehen. Zu Frau Krauss. Aber Frau Lehmann sagte: »Nichts da! Ihr seid in meiner Klasse.«

Wir wollten nicht mitgehen. Bis uns Frau Krauss zugeflüstert hat, daß wir ruhig gehen sollten. »In zwei Jahren wird gewechselt. Dann kriegt die 3a Frau Lehmann und ihr mich.«

»Na gut!« hat Matz gesagt und mich mit in die 1b gezogen. Ich wär' lieber zu Frau Krauss gegangen, aber wegen Matz konnte ich das nicht.

In der Klasse hat uns Frau Lehmann noch unsere Plätze gezeigt. Matz und ich saßen nebeneinander in der dritten Bank von vorn. An der Fensterseite.

»Prima!« hat Papa gesagt. »Da habt ihr gutes Licht.« Dann sind wir wieder nach Eichenstädt gefahren. Mama und Papa wollten meine Schulmappe und die Schultüte mit nach oben in die Wohnung nehmen.

»Nein«, hab' ich gesagt. »Ich geh' zuerst damit zu Butenschöns.« Ich wollte, daß sie mich bewundern und mir gratulieren.

Als ich die Ladentür aufriß, lag Onkel Butenschön auf den Knien vor Erna Kupfernagel. Und Tante Butenschön sagte: »Jetzt ist es aus! Wir machen den Laden dicht, bevor sich hier im Geschäft noch einer die Knochen bricht.«

Onkel Butenschön stand ächzend und stöhnend auf. »Ich bin von der Leiter gefallen. Ausgerechnet heute, Moni! An deinem ersten Schultag. Aber es ist noch mal gutgegangen.« Er rieb sich den Po.

Tante Butenschön hob eine hellblaue Schrankpapierrolle auf. »Klettert doch mein Fritz mit seinen zweiundsechzig Jahren auf die Trittleiter und hangelt wie ein Akrobat nach dem Schrankpapier im oberen Regalfach. Hast Glück, Erna, daß er sich nichts gebrochen hat, sonst könntest du jetzt was erleben.«

»Tut mir leid, Fritz!« sagte Erna Kupfernagel.

»Fürs Leidtun kann sich mein Fritz nichts kaufen«, sagte Tante Butenschön und warf die Schrankpapierrolle auf die Theke.

Ich bin zu Onkel Butenschön gegangen. »Macht ihr jetzt den Laden zu? Für immer?«

»Ach was!« Onkel Butenschön schmunzelte. »Kennst doch meine Katharina. Wenn die sich aufregt, redet sie Unsinn.« Er ging schnell hinter der Theke in Deckung.

Tante Butenschön schnaufte heftig. »Macht 'ne Mark, Erna!« Sie drohte Onkel Butenschön mit der Faust und drehte die Kurbel der alten Kasse so heftig, daß es schepperte und krachte. »Das ist kein Unsinn. Eines Tages sage ich: ›Jetzt ist Schluß!‹, und dann ist es aus mit Ernas Großeinkäufen für eine Mark und der kostenlosen Zugabe von kleinen Geschichten, die die Freundschaft erhalten sollen. Ja, guck nur, Erna! Kommt nicht in die Tüte, daß ich mich hier kaputtschufte und mein Fritz sich für eine Rolle Schrankpapier fast den Hals bricht. – Na, wie war's am ersten Schultag, Moni?«

»Ganz schön spannend«, hab' ich gesagt und war froh, daß mich endlich jemand fragte.

»Es staubt!« sagte Erna Kupfernagel und blies einmal kräftig über die hellblaue Schrankpapierrolle. »Das Papier müßte ich eigentlich billiger kriegen.«

Tante Butenschön stemmte die Arme in die Hüften und sagte: »Nichts da!«

»Na gut«, sagte Erna Kupfernagel. »Weil mir dein Fritz heute schon zu Füßen gelegen hat, will ich mal nicht so sein und den vollen Preis zahlen.« Sie warf ein Markstück in Tante Butenschöns Kasse.

Jetzt kamen Mama und Papa in den Laden.

»Herzliche Glückwünsche!« sagte Onkel Butenschön und gab Mama und Papa die Hand. »Ihre Tochter ist jetzt ein Schulkind.«

Mir hatte noch keiner gratuliert. Keiner!

Mama und Papa zeigten die Fotos, die Papa mit seiner Sofortbildkamera gemacht hatte. »Moni mit Schultüte vor der Schule.« – »Moni mit Schultüte auf dem Schulhof.« – »Moni mit Matz im Gemeinschaftsraum der Schule.«

»Als ich noch ein kleiner Junge war«, sagte Onkel Butenschön, »mußten wir zum Fotografen nach Biel. Das war eine sehr steife, langwierige Angelegenheit.«

»Das hab' ich schon mal im Fernsehen gesehen«, hab' ich gesagt. »In einem Film von früher.«

»Und das interessiert das Kind jetzt auch nicht, Fritz!« sagte Tante Butenschön. »Weißt du, daß Frau Lehmann schon manche von den Eltern früher in der Schule unterrichtet hat, Moni?«

»Na klar!« hab' ich gesagt. »Es sollten sich ja alle melden, die mal bei ihr Unterricht hatten. Ganz viele sind aufgestanden. Auch Peter Möller, der Bruder von Matz. Und dann sollten wir zeigen, was wir können. Ein paar konnten schon bis zehn zählen. Ein paar Kinder kannten die Großbuchstaben. Vom ›Sesamstraße‹-Gucken. Als alle von der ›Sesamstraße‹ und vom Fernsehen geredet haben, hat Peter Matz zugeflüstert: ›Zeig der Lehmann mal, wie gut du auf den Fingern pfeifen kannst!‹ Matz wollte nicht. Erst als Peter ›Du Feigling!‹ geflüstert hat, hat Matz gepfiffen.«

»Ja«, sagte Mama. »Und ausgerechnet in dem Augenblick, als Frau Lehmann sagte: ›Ich hoffe, wir werden gut miteinander auskommen.‹«

»Matz kann unheimlich gut auf den Fingern pfeifen«, hab' ich gesagt.

»Stimmt!« sagte Papa. »Ganz schrill und laut. ›Wer war das?‹ hat Frau Lehmann gefragt. Keiner meldete sich. ›Wer kann denn hier so gut pfeifen?‹ hat Frau Krauss gefragt. ›Ich!‹ hat Matz gerufen und ist aufgestanden. ›Mal sehen, wer es außer dir kann‹, sagte Frau Krauss. Alle Kinder versuchten es. Es war ein tolles Pfeifkonzert. Aber so laut und schrill wie Matz konnte es niemand.«

»Doch, Frau Lehmann!« sagte Mama. »Als man nicht mal mehr sein eigenes Wort verstehen konnte, pfiff sie auf den Fingern und brüllte ›Ruhe!‹«

»Typisch Lotte Lehmann!« sagte Tante Butenschön. »Sie wollte schon als Kind alle nach ihrer Pfeife tanzen lassen.«

»Genau wie du!« sagte Erna Kupfernagel zu Tante Butenschön. »Die Lehmann und du, ihr habt euch doch mal um den Fritz gekloppt.«

»Und wer ist dann mit ihm davongelaufen?« fragte Tante Butenschön.

»Ich!« sagte Erna Kupfernagel stolz. »Wenn zwei sich streiten, freut sich die Dritte.«

»Mir hat es sehr gut gefallen, daß sich so viele für mich interessierten«, sagte Onkel Butenschön und grinste.

Mir doch egal, ob sich mal Mädchen um ihn gekloppt haben, hab' ich gedacht. Ich hab' mich auf die Theke gesetzt und mit den Beinen gebaumelt. Das mag er nicht. Ich hab' auch nicht hingesehen, als Onkel Butenschön mit seinem alten Foto vom ersten Schultag ankam.

Mama und Papa bewunderten die weite Hose und die Abstehohren von Onkel Butenschön. Dann holten sie ihre alten Fotos von oben. Mama mit Zahnlücke und Zöpfen. Papa mit weiten, kurzen Hosen und O–Beinen. Na und? Kannte ich doch längst. Ich hatte meinen ersten Schultag. Und die sahen sich ihre alten Fotos an und kicherten.

Tante Butenschön kicherte nicht. Sie quetschte sich an allen vorbei und räumte ins Regal zurück, was beim Sturz von Onkel Butenschön heruntergefallen war.

Ich hab' mir fest vorgenommen, nichts mehr von mir und der Schule zu erzählen. Strafe muß sein, hab' ich gedacht. Ich hab' mich auch dran gehalten. Von mir kein Wort. Aber von Matz mußte ich ständig erzählen. Es ging nicht anders. Weil Matz in den ersten Tagen nicht in den Laden kommen konnte. Seine Mutter holte ihn immer vom Schulbus ab.

»Was macht Matz?« fragte Tante Butenschön.

»Was macht Matz?« fragte Onkel Butenschön.

»Was macht dein Freund?« fragten die Unzertrennlichen aus dem Altersheim.

»Was macht Matz?« fragte Erna Kupfernagel.

Und dann hab' ich erzählt. Zum Beispiel:

Wie Matz Frau Lehmann gefragt hat, warum sie immer spuckt, wenn sie spricht.

Wie Matz Frau Lehmann nach den Haaren auf ihrer Oberlippe gefragt hat.

Wie Matz von Frau Lehmann in die Ecke gestellt wurde, weil er immer auf seinem Tisch Schwimmübungen machte.

Wie Matz auf den Kartenständer geklettert ist und deshalb beinah von Frau Lehmann eine Ohrfeige gekriegt hätte.

Wie Matz zu Frau Lehmann gesagt hat, daß sie gemein ist und er lieber zu Frau Krauss in die Klasse will. Zusammen mit mir natürlich.

110

Wie Frau Lehmann gesagt hat: »Das könnte dir so passen. Daraus wird nichts. Ihr bleibt. Und du wirst mich noch kennenlernen!«
Matz hat wohl gedacht, ein Kann–Kind kann in der Schule alles. Es kann auch sagen, was es denkt. Das kann es aber nicht. Als Matz das gemerkt hat, war es schon zu spät. Da war er für Frau Lehmann schon wie ein rotes Tuch für den Stier.

Wie Matz »Petze« zu mir gesagt hat und nichts mehr von mir wissen wollte

Als Matz zum ersten Mal wieder in Butenschöns Laden kam, fragte Tante Butenschön: »Na, was machst du so, Matz? Seit du ein Schulkind bist, sieht man dich ja überhaupt nicht mehr.«

»Stimmt!« sagte Erna Kupfernagel, die gerade nach einem besonders gut duftenden Stück Seife suchte.

»Kommst du jetzt wieder öfter?« fragten die Unzertrennlichen aus dem Altersheim.

Matz hat nichts gesagt. Er hat nur die Schultern hochgezogen und die Bonbongläser angestarrt.

»Seine Mama holt ihn doch immer vom Bus ab. Und zu Hause übt sie Schlingen und Schleifen mit ihm«, hab' ich gesagt. »Und Matz darf die Köpfe von Menschen nicht gleich an den Bauch malen. Seine Mama sagt, auch gemalte Menschen müßten einen Hals haben. Sie reißt Matz immer die Seiten aus dem Heft, wenn es nicht richtig ist. Sie will nicht, daß Frau Lehmann mit ihm meckert, weil er doch ein Kann–Kind ist und vielleicht noch nicht so viel kann wie die Muß–Kinder.«

»Dir macht die Schule wohl keinen Spaß, was, Matz?« fragte Erna Kupfernagel.

»Doch!« sagte Matz.

»Und Frau Lehmann?« Tante Butenschön stemmte die Arme in die Hüften. »Sag uns Bescheid, wenn sie dich ärgert!«

»Nein, nein. Sie ist sehr nett«, sagte Matz. »Sie gibt mir immer Sternchen auf meine Hausarbeit. Und sie freut sich, weil ich so or-

dentlich bin. Sie mag nicht, wenn Kinder schlampig sind.« Matz
sah mich an.

»Wir haben das aber ganz anders gehört«, sagte Erna Kupfernagel.
»Moni hat uns erzählt, daß Frau Lehmann immerzu an dir herum-
meckert. Katharina und ich wollten schon unserer alten Freundin
Lotte aufs Dach steigen. Nicht wahr, Katharina?«

Tante Butenschön nickte und krempelte die Ärmel hoch. Onkel
Butenschön und die Unzertrennlichen sahen Matz an, steckten die
Köpfe zusammen und tuschelten.

Matz kriegte einen roten Kopf, schrie »Du alte Petze!« zu mir rüber
und lief aus dem Laden. Ich bin hinter ihm hergerannt. »Warte! Sie
wollten doch immer alles von dir wissen. Sie haben dich vermißt.«

Matz blieb stehen. »In echt?«

»Klar«, hab' ich gesagt.

»Na gut«, hat Matz gesagt. »Trotzdem – los, wir schwören, daß wir
uns nie mehr verpetzen! Wir sagen: ›Lieber wollen wir sterben‹
oder so.«

»Nein!« Das mit dem Sterben war mir viel zu gefährlich. Vielleicht
petzten wir mal, ohne es zu wollen, und dann passierte es.

»Du bist gemein. Mit dir rede ich nicht mehr!« schrie Matz. Er ging
langsam rückwärts auf den Supermarkt zu.

»Das kannst du doch nicht machen!« hab' ich ihm nachgerufen.
»Ohne dich wär' ich jetzt bei Frau Krauss in der Klasse. Die hat
sogar 'ne Kuschelecke eingerichtet. 'ne alte Couch hat sie ran-
schleppen lassen. Und Bilderbücher hat sie mitgebracht. Ganz
viele. Und die Kinder in ihrer Klasse dürfen sich die Bücher anschauen, wenn sie wollen. Bloß deinetwegen bin ich jetzt bei der
ollen Lehmann, die immer an allem rummeckert.«

»Na und? Mir doch egal!« schrie Matz. »Geh doch zur Krauss! Geh
doch! Und in Butenschöns Laden geh' ich auch nicht mehr. Das ist
eine – – – Quasselbude!« Matz hat mir die Zunge herausgestreckt,
sich umgedreht und ist losgerannt.

»Das mit der Quasselbude sag' ich Butenschöns!« hab' ich ihm nachgebrüllt.

»Sag's doch! Sag's doch, du olle Petze!« schrie Matz über die Schulter zurück und verschwand im Supermarkt.

»Er hat Petze zu mir gesagt!« hab' ich zu Onkel und Tante Butenschön gesagt und geheult.

»Morgen hat Matz das bestimmt schon vergessen«, sagte Tante Butenschön und hielt sich den Rücken. Aber Matz vergaß nicht so schnell.

Ich war sauer auf Erna Kupfernagel und Tante Butenschön, die mich verpetzt hatten. Ich war sauer auf die Kinder in der Klasse, die Petze zu mir sagten. Denn Matz, der es nicht ausstehen kann, wenn jemand petzt, hatte allen alles erzählt. Und er redete wirklich nicht mehr mit mir. Kein Wort. Ganz viele Tage.

Ich hab' meine gesammelten Kalenderblätter mit in Butenschöns Laden genommen und auf die Theke gelegt. »Du kannst so gut zählen«, hab' ich zu Tante Butenschön gesagt. »Zähl mal!«

»Wozu?«

»Nur so!« hab' ich gesagt.

»Nur so zähle ich nicht«, sagte Tante Butenschön und schob die Kalenderblätter zur Seite.

»Ist was?« fragte Onkel Butenschön.

»Diesmal haben sie uns unheimlich viele faule Kartoffeln mitgeliefert!« sagte Tante Butenschön und wühlte in der Kartoffelkiste herum.

»Ich meinte Moni«, sagte Onkel Butenschön.

»Matz redet nicht mehr mit mir«, hab' ich gesagt. »Schon so viele Tage lang nicht.« Ich hab' auf die Kalenderblätter gezeigt. »Seit er rausgerannt ist und Petze zu mir gesagt hat, will er nichts mehr von mir wissen.«

»Von uns anscheinend auch nicht«, sagte Tante Butenschön und richtete sich ächzend auf.

»Mach dir nichts draus!« sagte Onkel Butenschön. Ich wußte nicht, ob er mich meinte oder Tante Butenschön. »Der kommt schon wieder.«

»Denkste!« hab' ich gesagt. »Matz hat ja jetzt Nadine, Anja und Sabine. Mit denen geht er immer über den Schulhof.«

»Donnerwetter! Gleich drei Mädchen als Ersatz für dich?« Onkel Butenschön staunte.

»Und mit wem gehst du über den Schulhof?« Tante Butenschön wollte das wissen. »Ist keiner in deiner Klasse, der mit dir gehen will?«

»Doch. Der Dirk und der Tobias. Sie fragen mich immer«, hab' ich gesagt. »Aber ich will nicht. Matz soll sehen, wie gemein er ist.«

»Du gehst allein herum?« fragte Onkel Butenschön.

»Ja«, hab' ich gesagt. »Ganz allein.«

Tante Butenschön drückte Onkel Butenschön einige matschige Kartoffeln in die Hand. »Hier! Bring die mal raus. Wirf sie in die Mülltonne.«

Als Onkel Butenschön verschwunden war, sagte Tante Butenschön: »Als ich ein kleines Mädchen war, hab' ich meinen Fritz eifersüchtig gemacht. Mit Herbert. Die Eltern von Herbert hatten einen großen Garten mit Obstbäumen. Herbert brachte mir immer Äpfel mit in die Schule und Birnen.«

»Ich will keinen mit Äpfeln und Birnen. Ich will Matz«, hab' ich gesagt.

»Na klar«, sagte Tante Butenschön. »Aber mit Speck fängt man Mäuse. Du könntest ja mit Dirk und Tobias gehen und Matz damit eifersüchtig machen.«

Ich hab' den Kopf geschüttelt. »Tobias und Dirk sind kein Speck. Die spielen immer Überfall und fesseln Mädchen. Das sind die Montagsgangster, sagt Frau Lehmann.«

»Montagsgangster?« Onkel Butenschön kam herein und sah neugierig aus.

»Zwei Montagsgangster sind hinter unserer Moni her und wollen mit ihr über den Schulhof gehen«, sagte Tante Butenschön.

»Wenn die am Wochenende ferngesehen haben, Filme von Verbrechern oder so, dann gangstern sie montags immer in der Klasse herum«, hab' ich erklärt.

»Ach so!« Onkel Butenschön lachte. »So was gab es bei uns früher nicht. Kein Radio, kein Fernseher! Das waren noch Zeiten!«

»Es ist keiner so nett wie Matz!« sagte Tante Butenschön und sah Onkel Butenschön grimmig an. Sie hatte wohl Angst, daß er wieder von den alten Zeiten erzählen wollte.

»Na klar. Der Matz ist ein feiner Kerl«, sagte Onkel Butenschön.

»Könnte sich ruhig mal wieder bei uns sehen lassen«, sagte Tante Butenschön. »Wir haben ihm doch nichts getan, oder?«

Ich hab' den Kopf geschüttelt. »Ach was. Der traut sich bloß nicht her, weil er denkt, daß ich gepetzt hätte, daß er Quasselbude zu eurem Laden gesagt hat. Dabei hab' ich das gar nicht.«

Verflixt! Jetzt war es heraus! Das hatte ich nicht verraten wollen. Ich hatte Matz doch nur damit gedroht.

»Butenschöns Quasselbude! Klingt gar nicht schlecht«, sagte Onkel Butenschön. »Was meinst du dazu, Katharina?«

Tante Butenschön sagte nichts dazu. Sie ging ins Hinterzimmer und knallte die Tür hinter sich zu.

Ich hab' gedacht: Vielleicht holt sie jetzt ihr Weinen aus der hellblauen Schachtel heraus. Ich bin raufgerannt, hab' mich auf mein Bett geschmissen und geheult. Jetzt war mir auch noch Tante Butenschön böse, und die hatte mir doch gerade zum allerersten Mal eine »Als–ich–ein–kleines–Mädchen–war«–Geschichte erzählt. Das machte sie bestimmt nicht bei jedem. Sie hatte mich gemocht. Ganz kurz. Jetzt war es schon wieder aus.

Wie Onkel Butenschön für zwanzig Pfennig
Bildsalat verlangte und mir ein Geheimnis
anvertraute

An einem Montag war es mir herausgerutscht, das mit der Quasselbude. Daß Matz es zu Butenschöns Laden gesagt hatte und so. Jetzt war wieder Montag. Seit einer Woche hatte ich mich nicht mehr in den Laden getraut.

Onkel Butenschön hatte das Wort gemocht. Aber Tante Butenschön! Die war wütend und traurig. Ganz bestimmt war sie das. Weil Matz so etwas über ihren Laden gesagt hatte. Ausgerechnet Matz.

Dabei hätte sie eigentlich wissen müssen, daß wir ihren Laden mochten. Ganz toll sogar. Matz war ja nur sauer auf mich gewesen.

»Mit Katharina Butenschön ist im Augenblick nicht gut Kirschen essen«, hat Mama gesagt. »Weißt du, was mit ihr los ist?«

Na klar. Ich wußte es. Aber ich sagte es nicht. Ich hatte mir nämlich fest vorgenommen, nie mehr zu petzen.

Ich hab' an dem Montag am Fenster gestanden und nach unten gesehen. Ich hab' drauf gewartet, daß Tante Butenschön mal wegging. Ich wollte mit Onkel Butenschön reden.

Der Laden war für mich so etwas wie Bauer Hansens Wetterhäuschen. Das hing an der Tür vom Kuhstall. Es hatte zwei Türöffnungen. In jeder Türöffnung stand ein Püppchen. Ein Mann und eine Frau. Die zwei waren auf einer Drehscheibe befestigt. »Wenn die Frau rauskommt, wird es buten schön!« sagte Bauer Hansen. Und dann hat er Matz und mir erklärt, daß buten auf Hochdeutsch draußen heißt.

Ich hab' mich weit aus dem Fenster gehängt, auf die Obst– und Gemüsekisten runtergesehen und gedacht: Da unten, das ist jetzt mein Wetterhäuschen. Wenn Tante Butenschön rauskommt und weggeht, ist innen im Laden gutes Wetter. Onkel Butenschön strahlt nämlich immer, wenn er mich sieht.

Verflixt! Frau Mai und Herr Schluckebier aus dem Altersheim! Sie steuerten auf den Laden zu, verschwanden darin und kamen nicht wieder heraus. Dafür kam nach einer ganzen Weile Tante Butenschön aus dem Laden. Mit Mantel und mit ihrer Handtasche unter dem Arm.

Fenster zumachen, Schuhe anziehen. Halt! Schlüssel nicht vergessen! Und jetzt nichts wie runter!

Im Treppenhaus bin ich auf Tante Butenschön gestoßen. Die saß da. Im Dunkeln. Mit Mantel und mit ihrer Handtasche unter dem Arm. Die war doch weggegangen! Das konnte nicht sein.

Tante Butenschön legte den Finger auf den Mund. »Psst!« Sie zog mich zu sich herunter. Jetzt saßen wir beide auf den Treppenstufen. Ziemlich lange. Ohne ein Wort zu reden. Nur das Stimmengemurmel aus dem Laden war zu hören.

»Ich wollte eigentlich zum Friseur«, flüsterte Tante Butenschön. »Aber draußen ist mir dann eingefallen, daß Montag ist. Montags ist da geschlossen. Psst! Hörst du? Die Unzertrennlichen! Matz hatte gar nicht so unrecht mit der Quasselbude. Sie reden und reden. Mir schwirrt schon der Kopf. Sie sagen, im Altersheim redeten alle nur über ihre Krankheiten. Bei uns wär' dagegen immer was los. Sie haben auch wieder nach dir und nach Matz gefragt. ›Die zwei bringen immer Leben in die Bude!‹ sagten sie. Und dann redeten sie über Gallensteine, die Bandscheibe und Gelenkschmiere. Ich mußte einfach mal raus. Hab' gedacht: Katharina, geh zum Friseur, da hast du deine Ruhe. Pech gehabt. Es ist Montag. Jetzt sitze ich hier im Treppenhaus. Was macht eigentlich Matz? Der könnte sich ruhig mal wieder sehen lassen. Sag ihm das. Oder schweigt er dich immer noch an? Und du machst dich auch ziemlich rar in letzter Zeit. Mein Fritz, der mag dich so. Ich glaube, ein Mädchen wie dich hätte er gern gehabt.«

Ich wollte schon sagen, daß ich mich bloß nicht getraut hatte, da stand Tante Butenschön auf, hielt sich den Rücken und stöhnte. Es war kein verhaltenes Stöhnen. Sie stöhnte laut.

»Keine Sorge!« sagte sie, als sie mein Gesicht sah. »Ist bloß ein Hexenschuß!«

Ich mußte lachen. Ich war so froh, daß sie mir nicht böse war, und überhaupt.

»Das ist nicht zum Lachen, Moni. So'n Hexenschuß tut verflixt weh. Hab' ihn schon seit vergangenem Montag. Will einfach nicht weggehen.«

»Ich lach' ja auch bloß, weil ich früher mal gedacht hab', du könntest hexen.«

»Wenn ich das könnte!« brummte Tante Butenschön. »Dann würde ich mir diesen Hexenschuß weghexen. Horch mal! Hörst du was? Ich glaube, die Unzertrennlichen gehen. Bis dann, Moni!« Weg war Tante Butenschön. Es war fast wie ein Traum. Ich konnte gar nicht glauben, daß sie so viel mit mir geredet hatte.

Ich bin nach oben in die Wohnung gerannt und hab' mir mein Faltpapier geholt. Wir sollten für die Schule »Himmel und Hölle« falten. Tante Butenschön sollte mir dabei helfen. Die mochte mich jetzt wieder. Und sie konnte das gut. Das wußte ich.

»Wo ist Tante Butenschön?« hab' ich Onkel Butenschön unten im Laden gefragt. Der hat den Finger auf den Mund gelegt. »Psst! Im Hinterzimmer. Sie hat sich etwas aufs Ohr gelegt. Ihr Rücken!« Dann legte er zwei Groschen auf die Theke und sagte: »Für zwanzig Pfennig Bildsalat!«

Onkel Butenschön wollte mit mir über seine Träume reden? Na gut. Wir gingen nach draußen. Zu den Obst- und Gemüsekisten. Wie früher. Bevor er mich mit dem Monstervampireinbrechergespenstergerippetraum reingelegt hatte.

»Ich hab' von Matz geträumt«, sagte Onkel Butenschön. Matz hat von mir Riesenlutscher haben wollen. Ein Riesenlutscher kostet fünfzig Pfennige. Die hatte Matz nicht, und er ist wieder gegangen. Aus der Traum.«

»Na und?« hab' ich gesagt.

»Ich hätte ihm einen Riesenlutscher schenken sollen. Aber ich hab's nicht gemacht. Hab' sogar im Traum gedacht: Das kannst du nicht machen. Wenn das deine Katharina sieht! Dabei mag meine Katharina den Matz. Sehr sogar. Ich glaube, einen Jungen wie ihn hätte sie gern gehabt.« Dann hat er das Faltpapier in meiner Hand gesehen. »Sag mal, was soll das werden? ›Himmel und Hölle‹?«

Ich hab' genickt.

»Komm her! Ich zeig' dir, wie's geht!«

Ich wollte nicht. Seine Hände! Die Gicht! Das Falten war bestimmt zu anstrengend für ihn.

»Gib schon her!« sagte Onkel Butenschön und nahm mir das Papier aus der Hand. »Ich kann das ebensogut wie meine Katharina.«

Onkel Butenschön faltete und faltete. Und dann redete er und redete. Von Tante Butenschön. Daß er sie schon immer gemocht hatte. »Schon damals. In der Schule. Meine Katharina war so ähnlich wie dein Matz. Immer geradeaus. Die packte den Stier bei den Hörnern und sagte, was sie dachte. Später haben wir dann geheiratet, und ich war immer glücklich mit ihr. Sie ist eine tüchtige Person. Etwas kurz ab, wie man so schön sagt. Aber bei ihr weiß man immer, wo man dran ist. Das heißt, im Augenblick weiß ich es nicht. Ich mache mir Sorgen. Ich glaube, der Matz fehlt ihr. Du natürlich auch. Aber mit Matz ist das bei ihr was Besonderes. Sie redet nicht darüber. Aber ich weiß es. Weißt du zum Beispiel noch, wie meine Katharina deinem Matz die Schachtel gezeigt hat, in der sie ihr Lachen und ihr Weinen aufhebt?«

»Na klar«, hab' ich gesagt.

»Matz und du, ihr werdet euch schon wieder vertragen«, sagte On-

kel Butenschön. »Und dann bringst du ihn bald wieder mit, ja? Ich
muß meine Katharina bei Laune halten. Sie will immer den Laden
dichtmachen. Du weißt ja.«
Onkel Butenschön überreichte mir mit einer kleinen Verbeugung
die fertige »Himmel und Hölle«. »Bitte sehr, meine Dame! Die
schwarze Öffnung ist die Hölle, die weiße der Himmel. Wo ist jetzt
der Himmel?«
Ich mußte raten. Dreimal hintereinander hab' ich auf die helle
Seite getippt, obwohl man es von außen nicht sah. Dreimal hintereinander hab' ich gewonnen.

> »Dreimal Himmel, dreimal Glück.
> Matz kehrt bestimmt zu dir zurück!«

dichtete Onkel Butenschön.

Ich hab' mit meinen Knöpfen in der Hosentasche geklimpert. Ich konnte ganz viel Glück gebrauchen. Und ich wollte es schnell. Ich wußte nämlich nicht, wie lange ich es noch aushalten würde. So allein auf dem Schulhof. So allein an den Nachmittagen. Ohne Matz.

Wie Matz zu mir zurückgekommen ist und ich nie
mehr gepetzt habe, und warum Matz Frau
Lehmanns Brille geklaut hat

Matz ist zu mir zurückgekommen. Aber erst zwei Montage später. Tobias und Dirk spielten gerade mal wieder Überfall. Sie schrien immer »Peng! Peng!«, und dann mußten die Angeschossenen hinfallen und stöhnen oder sich tot stellen. Es war ein Mordsgekreische und Gestöhne in der Klasse.

Frau Lehmann stand ganz verzweifelt vor uns und schrie: »Ich halte das nicht mehr aus! Ich lasse mich vorzeitig pensionieren!« Sie hat es aber bis jetzt nicht gemacht. Erwachsene drohen oft und tun's dann doch nicht. Butenschöns haben ja auch schon lange gesagt, daß sie den Laden dichtmachen wollen, und haben es dann nicht gemacht.

Aber an dem Montag ist Frau Lehmann immerhin zum Rektor gelaufen und hat sich über die Klasse beschwert. Als sie weg war, haben sich Tobias und Dirk auf mich gestürzt. Sie hatten ein Seil mit und haben mich gefesselt. Ich hab' mich nicht gewehrt. Ich hätte gegen die zwei sowieso nichts machen können.

Als ich mich nicht mehr rühren konnte und Dirk und Tobias wie Indianer um mich herumtanzten, haben mir Nadine und Anja die Schulmappe ausgekippt. Sie haben auf meinen Stiften und Heften herumgetrampelt und schrille Schreie ausgestoßen.

Matz hat eine Weile zugesehen. Dann kam er angerannt, schubste die Mädchen weg und schrie: »Haut ab! Laßt Moni in Ruhe! Moni ist meine Freundin!«

War ich froh!

Matz hat mich entfesselt und Tobias und Dirk mit seinem großen

Bruder gedroht. Seit der Zeit sind wir wieder zusammen, der Matz und ich. Wir sind jetzt schon in der dritten Klasse. Bei Frau Krauss. Die nennt uns manchmal noch »siamesische Zwillinge« und hat gesagt: »Unzertrennlich zu sein, vom Kindergarten bis zur dritten Klasse, das ist spitze!«

Ich hab' den Matz aber auch nie wieder verpetzt.

Nicht, als er im Supermarkt eine Tüte Gummibärchen geklaut hat und Lakritz.

Nicht, als er in der Kneipe am Automaten gespielt hat.

Nicht, als er hinter Butenschöns Laden geraucht hat.

Auch nicht, als er Frau Lehmanns Brille mit nach Hause genommen hat.

Sogar dann nicht, als er von mir in Mathe abgeschrieben hatte und Frau Krauss zu mir gesagt hat, ich sollte es ruhig zugeben, sie hätte es sowieso gesehen.

Ich hab' nichts zugegeben. Ich bin doch nicht doof, hab' ich gedacht. Dann freut sich die Krauss, und der Matz ist mir wieder böse. Ganz lange. Der hält das ziemlich gut aus. Ich nicht.

Matz hat mal gesagt: »Moni, du bist prima. Du bist nicht so zickig wie die anderen Mädchen. Du kannst beim Hüttenbauen mit zupacken. Du schleppst beim Dämmebauen Steine, und du hast keine Angst vor Bauer Hansens Kühen.«

Ich geb' mir auch alle Mühe, stark zu sein und keine Angst zu haben. Dafür schreit Matz nämlich nicht wie die anderen Jungen »Hi! Mädchen!«, wenn er irgendwo zufällig mit einem Mädchen zusammenstößt. Es macht Matz auch nichts, wenn die anderen Jungen ihn auslachen, weil er mit einem Mädchen geht. Und wenn Tobias und Dirk uns nachrennen und »Verliebt, verlobt, verheiratet!« schreien, sagt Matz bloß: »Haut ab, sonst hole ich meinen großen Bruder!« Dann hauen alle ab. Der Peter kommt nämlich sofort, wenn Matz ihn braucht.

So ein großer Bruder ist prima. Von dem kann man auch eine

Menge lernen. Peter hat Matz zum Beispiel gezeigt, wie man an Automaten spielt. Matz kann es jetzt ganz allein. Eigentlich dürfen Kinder nicht an Automaten in der Kneipe spielen. Auch nicht, wenn irgendwo am Tisch der große Bruder sitzt. Matz macht es trotzdem manchmal. Und er gewinnt meistens. Ich hab' mal dabei zugesehen. Aber Matz spielt nur mit geliehenem Geld. Das kriegt er im Lokal von seinem Bruder. Und Matz muß es ihm sofort zurückgeben. Zusammen mit dem gewonnenen Geld. Das ist doof. Aber Matz kriegt ja kein Taschengeld. Genau wie ich.

Manchmal fährt Matz hinten auf Peters Motorrad mit. Matz hat keine Angst. Auch nicht bei ganz schneller Fahrt.

Weil er wollte, daß ich auch mal mitfahren durfte, mußte Matz dem Peter irgendwas Tolles mitbringen. Die Brille von Frau Lehmann. Sie hängt jetzt über Peters Bett, sagt Matz. Ich bin dafür hinten auf Peters Motorrad mitgefahren. Aber nur ein kurzes Stück. Mir war ganz schlecht vor Angst. Besonders in den Kurven.

Matz sagt, er hätte keine Angst. Aber manchmal ist er ganz grün im Gesicht, wenn er absteigt. Matz ist sehr stolz auf seinen Bruder. Peter arbeitet jetzt in einer Keksfabrik, weil er keine Lehrstelle gekriegt hat. Mama hat gesagt: »Kein Wunder, daß Peter keine Lehrstelle gekriegt hat. Bei der Frisur!« Dabei hat Peter gar keine Frisur. Der hat eine Glatze. Er rasiert sich immer alle Haare ab.

Peter sagt: »Für die Arbeit am Fließband in der Keksfabrik ist die Glatze gerade richtig. Die Leute mit langen Haaren müssen nämlich Hauben aufsetzen, weil sonst Haare in die Kekse kommen könnten.«

Als Peter achtzehn geworden ist, hat Frau Möller zu Mama gesagt: »Ich mache mir große Sorgen um Peter. Er kann jetzt tun und lassen, was er will. Hoffentlich weiß er, was er tut.«

Peter sollte von dem Geld, das er verdient, etwas zu Hause abgeben. Fürs Essen und so. Das wollte er nicht. Er ist zu Hause ausgezogen und hat sich eine eigene Wohnung gemietet. Eine von den

Einzimmerwohnungen im Hochhaus. Matz geht oft zu seinem Bruder. Ihm gefällt die Wohnung. Er will später auch Vieles ganz genauso machen wie Peter. Er will Lederklamotten anziehen. Er will dicke Ketten um den Hals tragen. Er will sich den Arm tätowieren lassen.

Peter hat auf dem linken Arm eine tätowierte Spinne. Matz hat mir versprochen, daß er sich etwas anderes auf den Arm tätowieren läßt. Ein Herz oder so.

Rauchen will Matz aber nicht. Vom Rauchen ist ihm nämlich schlecht geworden. Und wie! Ich hab' neben ihm gestanden und zugesehen, wie er gekotzt hat. Das war ihm schrecklich peinlich.

Seine Haare will Matz auch nicht abrasieren. »Das wär' mir zu kalt am Kopf«, hat er gesagt.

Vor meinen Windpocken hat Matz mit Peter zusammen Tapeten abgerissen, tapeziert und die neue Wohnung eingeräumt. Nach den Windpocken wird das anders. Nach den Windpocken hat Matz wieder Zeit für mich, wetten?

Ich schwebe. Das Schweben ist bei mir nichts Besonderes. Ich schwebe immer, wenn ich krank bin. Die Windpocken!

»... Hallo!« sagen Mama und Papa.

Oh! Ich muß eingeschlafen sein. »Spielt ihr mit mir ›Malefiz‹ oder ›Mensch–ärgere–dich–nicht‹?« frage ich.

»Mach' ich«, sagt Mama.

»Ich wollte eigentlich das Klavierkonzert anhören, das ich neulich aufgenommen habe«, sagt Papa.

Das Klavierkonzert! Ich sehe Mama an. »Du hast fest versprochen, heute abend mit Moni zu spielen«, sagt sie.

»Na gut«, sagt Papa. »Nach der Tagesschau.« Er geht runter ins Wohnzimmer und setzt sich vor den Fernseher.

»Da sitzt er, obwohl er sich über die langweilige Sendung ärgert«, sagt Mama. Sie und ich spielen »Mensch–ärgere–dich–nicht« und lachen. Schließlich kommt Papa auch. »Kann ich noch mitspielen?«

Kurz darauf klopft Onkel Butenschön bei uns an. »Kann ich mitspielen? Meine Katharina sieht sich eine ganz langweilige Sendung an.«

Onkel Butenschön spielt auch mit. Wir fangen noch mal von vorne an. Umso besser. Dann kommt Papa ganz bestimmt nicht mehr dazu, sich die Cassette mit dem Klavierkonzert anzuhören. Wenn Papa wüßte! Mozart mit Quarkspeisenfreßreportage.

Tante Butenschön stapft herein, als Onkel Butenschön gerade dabei ist, einen von Papas Hüpfsteinen rauszuwerfen. »Ist mein Fritz bei euch? Tatsächlich! Läßt der mich doch ganz allein vor dem Flimmerkasten sitzen. Schleicht sich einfach davon. Na warte! Komm du nur wieder runter!« Sie droht ihm mit der Faust. Weg ist sie wieder.

»Dann geh' ich mal lieber runter!« sagt Onkel Butenschön.

»Nichts da!« sagt Papa. »Erst wird zu Ende gespielt!« Nun schmeißt nämlich Papa Onkel Butenschöns Hüpfstein raus.

Mama gewinnt. Ich bin Zweite. Onkel Butenschön und Papa kämpfen noch. Onkel Butenschön schafft es, ganz kurz vor Papa mit dem letzten Hüpfstein ins Ziel zu kommen. Die beiden klopfen sich gegenseitig auf die Schulter. »Hat Spaß gemacht!« – »Das sollten wir öfter mal machen.«

Ich hüpfe im Schlafanzug um sie herum. Alle finden, daß ich schon wieder ganz gesund aussehe.

»Am Montag darfst du wieder in die Schule«, sagt Mama. Ich umarme alle. Ich freue mich auf Matz.

Wie ich am Sonntagnachmittag den Stier bei den
Hörnern packen will, Frau Möller bei uns klingelt
und Papa den Fernseher lauter und lauter stellt

Gestern hat es geregnet. Von morgens bis abends. Ich hab' mit
Papa ferngesehen. Von morgens bis abends. Samstags müssen
Mama und Papa nämlich nicht zur Arbeit. Mama arbeitet trotzdem. Sie putzt die Wohnung, steckt die Wäsche in die Waschmaschine, bringt sie hinterher zum Speicher, hängt sie zum Trocknen
auf, kauft im Supermarkt für die nächste Woche ein und kocht
zwischendurch unser Mittagessen.
Papa und ich haben nur unsere Beine hochgehoben, als Mama mit
dem Staubsauger den Teppich im Wohnzimmer bearbeitet hat. Ich
war ziemlich sauer auf Mama, weil sie ausgerechnet vor dem Fernsehsessel, in dem Papa und ich saßen, wie wild herumsaugte. Hoffentlich sieht Papa weiter fern, hab' ich gedacht. Hoffentlich fällt
ihm nicht plötzlich das Klavierkonzert auf der Cassette ein. Vorne
Mozart, in der Mitte meine Quarkspeisenfreßreportage, hinten Mozart. Zum Glück ist Mama rechtzeitig mit ihrem Staubsauger abge-
zogen.
Jetzt ist Sonntagnachmittag. Es regnet immer noch. Im Fernsehen
sind die Springreiter dran. Sie setzen mit ihren Pferden über hohe
Hürden. Papa springt in Gedanken mit. Ich sitze auf seinem Schoß
und spüre, wie er den Pferden über die Hürden hilft. Wenn eine
Hürdenstange fällt, bäumt Papa sich auf, stöhnt und haut mit der
Faust auf die Sessellehne.
Papa liebt Pferde. Aber nur Fernsehpferde. Matz ist schon oft mit
mir in Bauer Hansens Pferdestall gewesen, Papa noch nie. Mama
sagt: »Papa ist mal als Junge vom Pferd gefallen und getreten wor-

den.« Kann ja sein. Aber Papa sieht sich das meiste lieber vom Fernsehsessel aus an. Das ist bequemer.

Mama stellt das Bügelbrett im Wohnzimmer auf, setzt sich davor und bügelt. Oberhemden, Unterwäsche, Bettwäsche und so. Zwischendurch sieht sie auf den Fernseher. »Bügeln ist ziemlich langweilig«, sagt Mama. »Warum unterhaltet ihr euch nicht mal mit mir?«

Papa findet es nicht gut, wenn das Bügelbrett am Sonntag im Wohnzimmer steht. Anfangs hat er oft darüber gemeckert. Aber jetzt hat er sich daran gewöhnt, glaube ich. Nur wenn Mama das Bügeleisen gerade dann ganz laut auf den Metalluntersatz stellt, wenn eins der Pferde über eine Dreierkombination springt, fragt er: »Muß das sein?«

»Stell dich nicht so an! Das Pferd hört es ja nicht!« sagt Mama.

»Aber ich!« sagt Papa.

Für eine Weile stellt Mama das Bügeleisen leiser auf den Metalluntersatz.

»Da siehst du es. Es geht auch anders«, flüstert mir Papa ins Ohr. »Mama will uns mit dem Krach bloß zeigen, daß sie viel Arbeit hat.«

Ich finde, Papa könnte Mama ruhig mal helfen. Die Arbeit am Computer ist bestimmt nicht schwerer als die am Schalter bei der Sparkasse. Aber Papa hat bei Hausarbeit zwei linke Hände, sagt er. Mama glaubt ihm das nicht. Mir glaubt sie es. Einmal hab' ich den Putzeimer im Treppenhaus umgestoßen. Das Wasser ist bis zu Butenschöns runtergeflossen. Und einmal hab' ich mir beim Bügeln den Daumen verbrannt. Zisch! Riesenbrandblase. Das war eine Aufregung!

Ich muß immer mal wieder vom Fernseher zum Wohnzimmerschrank hinübersehen. Der Cassettenrecorder steht unten drin. Das Klavierkonzert. Ich will nicht, daß Papa merkt, was ich gemacht habe, und möchte gleichzeitig, daß er schon alles weiß.

Mama meint, ich müßte es ihm schon selbst sagen. Ob ich mal den Stier bei den Hörnern packe? Nein. Lieber nicht. Ich bin nicht Matz. Ich bin ich.

Vor einiger Zeit hab' ich Papa bei einem spannenden Fußballspiel eine miese Matharbeit gezeigt. Tante Butenschön hatte vorher keine Zeit zum Üben für mich gehabt, und so war es passiert. Papa hat kurz ins Heft gesehen und »So, so« gesagt. Sonst nichts. Vielleicht klappt das noch mal.

»Du, Papa«, sage ich leise. »Ich hab' dein Klavierkonzert überspielt.«

»So, so«, sagt Papa und hilft Paul Schockemöhle auf Deister über die letzte Hürde.

»Geschafft! Ein Nullfehlerritt! Die zwei kommen ins Stechen, Moni!« Papa umarmt mich. »Was war mit dem Klavierkonzert?«

»Ach, nichts«, sage ich.

Mama sieht zu mir rüber, nickt mir aufmunternd zu. »Nun mach schon!« soll das heißen. »Dann hast du's hinter dir!«

Nichts da. Das ist bei mir wie bei dem Pferd vorhin. Das ist ganz plötzlich vor einer Hürde stehengeblieben. Es traute sich nicht. Und obwohl der Sieg dahin war, hat der Reiter dem Pferd den Hals getätschelt. Ich glaube aber nicht, daß Papa mich tätschelt, wenn er weiß, was passiert ist.

Ich verstehe das Pferd gut. Es ist komisch mit mir. Wenn ich im Fernsehen eine berühmte Turnerin sehe, turne ich in Gedanken alles mit. Dann kann ich den Spagat, die Brücke, das Rad. Da balanciere ich sogar gekonnt über den Schwebebalken. In Wirklichkeit kann ich nicht mal eine Flanke über den niedrigen Kasten machen. Bei der Brücke müssen mich zwei Mädchen festhalten. Spagat und Rad probiere ich erst gar nicht. Wenn das dran ist, verstecke ich mich immer hinter den anderen.

Matz hat beim Sport keine Probleme. Bloß in den anderen Fächern. Hauptsächlich in Mathe. Es ist bei ihm genau umgekehrt wie bei mir. Ich glaube, wenn er vor einer schriftlichen Arbeit sitzt, ist es bei ihm wie bei dem Pferd vor der zu hohen Hürde. Er scheut. Aber wenn ich ihm gut zurede und ihn abgucken lasse, geht's immer besser, als er denkt.

Jetzt klingelt es. Papa will, daß Mama das Bügelbrett zusammenklappt und in die Abstellkammer bringt. Mama geht zur Tür und sieht durch das Guckloch. »Es ist nur Frau Möller, die Mutter von Matz«, sagt sie. »Ach so«, sagt Papa und sieht weiter fern.

Nur Frau Möller? Ich freue mich, daß sie kommt. Dann höre ich endlich wieder was von Matz.

Frau Möller und Mama sitzen auf der Couch und unterhalten sich. Frau Möller hat Ärger mit Peter. Der hat sein Motorrad auf Raten gekauft. Monat für Monat muß er eine hohe Summe bezahlen. Er hat nicht soviel Geld und leiht es sich von seiner Mutter. Die hat auch nicht soviel Geld und arbeitet jetzt nachmittags als Aushilfe im Altersheim. »Mein geschiedener Mann zahlt zwar Unterhalt, aber so viel ist das nun auch wieder nicht«, sagt sie. »Und seit Peter ausgezogen ist, bekomme ich weniger von meinem Mann.«

Mama findet es falsch, daß Frau Möller arbeitet, um Peter Geld für die fälligen Ratenzahlungen leihen zu können. »Das Geld sollten Sie lieber für sich und Matz ausgeben.«

Frau Möller möchte das auch, weiß aber nicht, was Peter dann macht. »Vielleicht kommt er auf die schiefe Bahn, trinkt, spielt noch mehr in Kneipen an den Automaten und so.«

»Ach was!« sagt Mama. »Er muß selbst merken, daß er Schwierigkeiten kriegt, wenn er Geld ausgibt, das er nicht hat. Wenn Sie ihm immer helfen, ihm immer wieder was zustecken, lernt er das nie.« Mama redet heftig auf Frau Möller ein. Sie will sie überzeugen.

Papa kann den Sportreporter nicht mehr verstehen. Er stellt den Fernsehapparat lauter. Peter Möller ist ihm egal. Er will wissen, wie alt die Pferde sind und was sie gewonnen haben.

»Ich bin froh, daß Matz dich als Freundin hat, Moni!« sagt Frau

Möller in den Krach vom Fernseher hinein. »Was? Du hattest die Windpocken? Tatsächlich! Man sieht es noch etwas. Mit wem hat Matz denn dann in der letzten Zeit nachmittags draußen gespielt? Mir hat er gesagt: »Ich geh' zu Moni!«

Ich kneife meine Lippen fest zusammen und starre auf den Fernseher. Bloß nichts sagen! Vielleicht soll das Tapezieren von Peters Wohnung eine Überraschung für Frau Möller sein. Und dann hab' ich am Ende wieder gepetzt.

»Matz schreit neuerdings nachts im Schlaf«, sagt Frau Möller. »Wenn ich ihn wachrüttele und frage, was los ist, sagt er: ›Ich hab' von der Schule geträumt.‹ Ich verstehe das nicht. Die Kinder haben doch jetzt bei Frau Krauss Unterricht. Alle sagen, die neue Lehrerin wäre unheimlich nett. Das ist sie doch, nicht wahr, Moni?«

Ich nicke und lege den Finger auf den Mund. Das bedeutet: Ich kann nicht reden, sonst stellt Papa den Fernseher noch lauter. Mama und Frau Möller sehen ja selbst: Ich sitze bei Papa auf dem Schoß. Wenn ich rede, versteht er erst recht nichts mehr.

Die Krauss ist wirklich sehr nett. Sie hat ihre alte Couch aus der 3a zu uns rübergeschleppt, gemeinsam mit dem Hausmeister. Auch die Bücherecke mit all ihren Büchern steht jetzt in unserer Klasse. Wie war das noch? Matz sagt immer, er hätte von der Schule geträumt, wenn er nachts schreit? Das sage ich auch manchmal. Wenn ich von Fernsehgangstern oder so geträumt habe. Schule kann man nämlich nicht verbieten. Das Fernsehen schon. Aber Matz sieht nicht fern.

»Jetzt kommt das Stechen!« sagt Papa und rutscht unruhig im Fernsehsessel hin und her.

Frau Möller und Mama reden laut über die Leute im Altersheim. Frau Möller kennt Frau Mai und Herrn Schluckebier. Sie findet die beiden »einfach goldig«.

»Ich finde die auch ganz prima!« rufe ich und vergesse, daß ich

nicht reden wollte. »Die zwei kommen immer Hand in Hand unten in den Laden. Tante Butenschön nennt sie die Unzertrennlichen.«

»Psst! Hör zu! Alle Reiter mit Nullfehlerritt müssen jetzt noch mal über höhere Hürden«, flüstert mir Papa zu und stellt den Fernseher noch etwas lauter. Er braucht dazu nicht aufzustehen. Er hält das Fernbedienungskästchen in der Hand. Der Sportreporter überbrüllt jetzt Mama und Frau Möller.

»Ich glaube, ich störe!« sagt Frau Möller und steht auf. »Ich komme lieber ein anderes Mal wieder.«

»Nein, nein. Bleiben Sie nur!« sagt Mama. »Wir können ja auch nach oben ins Kinderzimmer gehen.«

Frau Möller will nicht ins Kinderzimmer gehen. Ein Glück! Ich hab' noch nicht aufgeräumt. Frau Möller zeigt auf Mamas Bügelbrett. »Sie haben ja auch noch zu tun, Frau Wiedemann. Seit ich selbst nachmittags arbeite, verstehe ich Sie besser. Auf Wiedersehen!«

Ich sage: »Auf Wiedersehen! Und schöne Grüße an Matz! Morgen komme ich wieder in die Schule.«

Papa sagt nichts. Er starrt auf den Fernseher. Mama bringt Frau Möller zur Tür. Als sie zurückkommt, stellt sie den Fernseher am Gerät leiser und sagt: »Eines Tages werfe ich den Affenkasten aus dem Fenster.«

Papa antwortet nicht. Das Stechen ist in vollem Gange. Als es vorbei ist, fragt er: »Warum kommt Frau Möller auch ausgerechnet während der Sportsendung?«

»Weil sie keinen Fernseher hat«, sagt Mama. »Wer keinen Fernseher hat, teilt seinen Tag nicht nach Fernsehsendungen ein.«

»Was war übrigens mit dem Klavierkonzert?« lenkt Papa ab.

»Moni hat es überspielt«, sagt Mama.

»Was?« Papa springt auf. Ich rutsche von seinem Schoß auf den Fußboden.

Mama grinst. Ich glaube, sie freut sich, daß sie Papa aus dem Fernsehsessel hochgeschreckt hat. Dafür hat sie mich verraten. Papa klettert über mich hinweg. Er holt den Cassettenrecorder aus dem Schrank, sucht die Cassette heraus, stellt den Recorder mitten auf den Wohnzimmertisch, schaltet ihn ein und hört sich alles an. Er sitzt auf der Couch, hat den Kopf in die Hände gestützt und macht ein Gesicht wie Tante Butenschön und der Boxer von Herrn Timpe zusammen.

Da! Jetzt schmunzelt er! Bei dem Wort Quarkspeisenfreßreportage. Ich hab's genau gesehen. Er will das Lachen noch unterdrücken. Zu spät!

Er lacht und lacht und lacht. Mama und ich lachen mit.

»Toll!« sagt Papa. »Moni, du hast Talent!« Gemeinsam brechen Papa und ich das kleine Stück Plastik aus der Cassette. Ganz feierlich machen wir das. Mama sieht uns dabei zu. »So!« sagt Papa. »Jetzt ist die Quarkspeisenfreßreportage mit Mozartumrahmung vor dem Überspielen gesichert. Sie ist ein Ohrenschmaus. Heb sie gut auf, Moni!«

Ich gehe in mein Zimmer und überlege mir, wohin ich die Cassette stelle. Nicht zwischen die Märchencassetten. Die haben andere gemacht. Diese Cassette ist etwas Besonderes. Ich lege sie in die Schublade zu meinen Schulzeugnissen.

Unten streiten sich jetzt Mama und Papa. Ich höre nicht hin. Solche Streitereien kenne ich auswendig. Mama will wahrscheinlich den Fernseher zum Mond schießen, Papa aus dem Bügelbrett Kleinholz machen. Und am Ende lachen sie, küssen sich, und alles bleibt, wie es ist.

Wenn ich nur wüßte, was mit Matz ist. Bei mir war er nicht. Er hat seine Mutter angelogen. Er hat mir nicht mal meine Hausaufgaben gebracht. Da war bloß dieser Brief über die Mathearbeit. Daß er Angst davor hatte. Und Frau Krauss soll mit ihm gemeckert haben. Komisch. Ausgerechnet mit Matz. Der tut doch alles für Frau Krauss. Er wischt ihr die Tafel ab, holt Kreide, trägt ihr die Tasche.

Morgen ist Montag. Morgen darf ich wieder in die Schule. Dann werde ich erfahren, was mit Matz los ist.

Mama und Papa kommen in mein Zimmer. »Du, Moni«, sagt Mama. »Papa und ich haben beschlossen, daß du ab jetzt zwei Mark Taschengeld in der Woche kriegst.«

»Taschengeld? Ich? Mensch, ist ja toll!«

»Ja. Du sollst mal nicht so schlecht mit Geld umgehen können wie dieser Peter Möller«, sagt Papa.

Ich denke: Peter Möller ist prima. Weil der alles falsch macht, machen Mama und Papa es jetzt richtig. Ich kriege Taschengeld. Endlich! Dafür kaufe ich mir aber keine Seidenkissenbonbons und keine Riesenlutscher. Das war mal mein Traum. Früher. Als ich noch klein war. Jetzt weiß ich was Besseres. Ich kaufe mir im Supermarkt Schokoladenwürfel mit Plastiktieren drin. Abends seh' ich die immer in der Fernsehreklame. »Knack den Würfel, laß dich überraschen! Etwas zum Spielen, etwas zum Naschen!« Die Melodie und den Text kennen alle in unserer Klasse.

Tante Butenschön verkauft die Würfel nicht. Kinderfängerei nennt sie das. Sie meint damit, daß sich alle Kinder ihre Bäuche mit Schokolade vollstopfen müssen, um an die begehrten Plastiktiere heranzukommen. »Und genau das will ja der Hersteller.«

Na und? Mir doch egal. Ich will mit den anderen in der Klasse Plastiktiere tauschen. Alle machen das. Wer nicht mitmachen kann, steht dumm da. So wie Matz und ich. Bis jetzt. Jetzt wird das bei Moni Wiedemann anders.

Ich nehme mir vor, Matz von meiner Schokolade abzugeben. Für zwei Mark kriege ich zwei Würfel. Aber die Plastiktiere, die behalte ich.

*Wie ich einer treulosen Tomate Grüße von Tante
Butenschön bestellen soll, und was der Busfahrer
am liebsten mit den Gangstern und Monstern im
Schulbus machen würde*

Es ist Montag und ganz früh am Morgen. »Zieh deinen Regenmantel an, Moni!« sagt Mama. »Nach den Windpocken bist du empfindlich und könntest dich leicht erkälten. Und das willst du doch nicht, oder?«
Nein. Das will ich nicht. Ich will nachdenken. Über Matz, über die Schule und überhaupt. Ich ziehe meinen Regenmantel an, obwohl es dazu eigentlich noch viel zu früh ist.
«Stell dir vor, Moni«, sagt Mama. »Tante Butenschön hat sich heute morgen von Papa beim Kistenschleppen helfen lassen. Sonst wehrt sie sich doch immer mit Händen und Füßen dagegen. Ich hab's genau gehört: Sie hat sich sogar bei Papa bedankt. Das ist doch sonst nicht ihre Art! Ich glaube, sie ist krank. – Na dann, tschüs, mein Kind. Ich muß los. Viel Glück in der Schule!« Weg ist Mama.
Ich klimpere mit den Silberknöpfen in meiner Hosentasche. Klick machen sie. Klick, klick, klick. Glück, Glück, Glück.
Die Tür zu Butenschöns Hinterzimmer ist nur angelehnt. Ist Tante Butenschön krank? Nein. Sie steht groß und dick hinter der Theke, sieht sehr gesund aus und schneidet Großbuchstaben aus einem Stück roter Pappe. Ein R, ein Ä, ein U, ein M und noch ein U liegen vor ihr auf der Theke. RÄUMU–?
Onkel Butenschön geht vor der Theke auf und ab, rollt eine Tüte in den Händen zusammen und murmelt: »Was sein muß, muß sein!« Dann hält er sich die zusammengerollte Tüte wie einen Feldstecher vors rechte Auge und sagt laut: »Wir müssen den Tatsachen ins Auge sehen.«

Onkel Butenschön hat den »Feldstecher« vor dem Auge, aber Tante Butenschön entdeckt mich. »Bist aber heute früh dran, Moni!« sagt sie brummig. Ein Stück Pappe fällt ihr aus der Hand. Sie will sich bücken, stöhnt und hält sich den Rücken.

Ich hebe die Pappe auf. »Hier!«

»Danke!« Sie reißt sie mir aus der Hand. Ich will gehen.

»Du hast doch noch Zeit«, sagt Onkel Butenschön, sieht zur Uhr und steckt die ausgeschnittenen Buchstaben in seine Kitteltasche.

»Kannst es wohl kaum erwarten, den Krautkopf wiederzusehen, was?« Tante Butenschön müht sich mit einem N ab. Die Arbeit paßt ihr nicht, das sieht man. Die Pappe ist dick, die Schere stumpf. Mit Krautkopf meint sie natürlich Matz, weil der so krause Haare hat.

»Bestell Matz schöne Grüße von uns!« sagt Onkel Butenschön. Er ist vor dem Schaufenster stehengeblieben und sieht nach draußen in den Regen.

Ich sehe Tante Butenschön an. Die mag den Matz doch angeblich ganz besonders. »Ja. Soll sich mal wieder bei uns sehen lassen, diese treulose Tomate!« raunzt Tante Butenschön. »Sag ihm das, solange noch Zeit ist.«

»Noch Zeit? Wieso? Warum? Wofür?«

»Ach, nichts«, sagt Onkel Butenschön, dreht sich zu uns herum, hält sich die zusammengerollte Tüte wie ein Mikrofon vor den Mund und sagt: »Achtung, Achtung! Heute feiern Fräulein Schnittlauchlocke und Herr Krautkopf Wiedersehen im Schulbus. Nachdem die Sache mit der Quarkspeisenfreßreportage so glimpflich ausgegangen ist, wie wir soeben von Ihrer Frau Mutter erfahren konnten, darf ich gewiß fragen, wie Ihnen zumute ist, gnädiges Fräulein.« Onkel Butenschön lacht und streckt mir das »Mikrofon« hin.

Mir ist überhaupt nicht zumute. »Ach, nichts!« hat Onkel Butenschön geantwortet, als ich gefragt habe, was »solange noch Zeit ist«

bedeutet. Das »Ach, nichts!« kommt mir sehr bekannt vor. Die beiden verschweigen mir doch irgendwas, oder? Außerdem: Die Sache mit der Quarkspeisenfreßreportage hätte Mama nicht erzählen dürfen. Ich schiebe Onkel Butenschöns Hand mit dem »Mikrofon« weg und verstehe plötzlich, daß Tante Butenschön manchmal sauer auf ihn ist, wenn er seine Witze macht. Matz hat recht. Der Laden von Butenschöns ist eine Quasselbude!

Onkel Butenschön sieht mich prüfend an. Gut, daß er nicht Gedanken lesen kann. Ich sage bloß: »Gestern Miss Windpocke, heute Fräulein Schnittlauchlocke. Seit ich meine Haare wieder länger trage, ziehst du mich damit auf. Kann ja nicht jeder Locken haben wie Matz!«

»Nichts für ungut!« sagt Onkel Butenschön. »Kennst mich doch. Viel Glück am ersten Schultag!«

Glück, Glück, Glück! Klick, klick, klick! Ich klimpere mit meinen Silberknöpfen und muß plötzlich über Onkel Butenschön lachen. »Erster Schultag? Ich bin doch schon in der dritten Klasse. Bei Frau Krauss!«

Onkel Butenschön sieht beleidigt aus. »Ich lebe doch nicht auf dem Mond!« Er hat natürlich den ersten Schultag nach den Windpocken gemeint. »Es gibt ja auch den ersten Schultag nach den Ferien, oder?«

Na klar. Den gibt's. Darauf hätte ich auch selbst kommen können. »Entschuldigung!«

»Schon gut!« sagt Onkel Butenschön und steckt ein G in die Kitteltasche.

»Soll ich helfen?« Ich zeige auf die übrige Pappe.

»Zu schwer für dich«, brummt Tante Butenschön.

Als ich wissen will, was die beiden denn mit den Buchstaben vorhaben, fragt Onkel Butenschön mich schnell nach Frau Krauss. »Wie kommt ihr mit ihr zurecht?«

»Gut!« sage ich. »Weißt du doch. ›Pippi Langstrumpf‹ haben wir durch. Jetzt lesen wir mit Frau Krauss ›Ronja Räubertocher‹. Das macht Spaß. Und wenn wir lang genug still herumgesessen haben, dürfen wir auf der alten Couch rumhopsen wie Pippi in der Villa Kunterbunt. Das hätte die Lehmann nie erlaubt. Und richtig hübsch ist Frau Krauss. Ehrlich.«

»Du bist auch wieder richtig hübsch«, findet Onkel Butenschön.

»Hübsch? Ich?« sage ich. »Hier! Noch drei dicke Windpockenkrusten. Zwei auf der Stirn unter dem Pony und eine mitten auf der Nasenspitze. Ich muß warten, bis sie von selbst abfällt, sagt Mama.«

»Tatsächlich?« Onkel Butenschön sieht sie sich genau an und staunt. »Bringt es Unglück, wenn man sie abkratzt?«

»Nein. Es gibt Narben.«

»Narben hin, Narben her«, sagt Tante Butenschön und sieht auf die Uhr. »Ab mir dir! Der Schulbus wartet nicht.«

Uff! Das war knapp! Ein Glück, daß Tante Butenschön mich losgeschickt hat. Ich sitze im Schulbus, schnappe nach Luft und freue mich auf Matz. An der nächsten Station steigt er ein. Bestimmt als erster, wetten? Er ist garantiert neugierig, ob ich im Bus bin. Er drängelt sich vor. Er schreit: »Moni ist wieder da!« Dann läßt er sich auf den Sitz neben mir fallen und umarmt mich. Matz macht es nichts, wenn die anderen über ihn lachen, weil er ein Mädchen in den Arm nimmt. Matz macht es auch nichts, wenn ich noch verpickelt aussehe. Matz mag mich, wie ich bin. Matz freut sich, wenn er mich sieht.

Denkste!

Matz steigt als letzter in den Bus. Ganz langsam. Ganz steif und breitbeinig. Er bewegt sich wie ein Roboter, sagt »Uggah! Uggah!« und schwenkt seine Arme wie Windmühlenflügel. Seine Augen sind starr geradeaus gerichtet. »Uggah! Uggah!«

»Beeilung! Hinsetzen!« sagt der Busfahrer. »Laß die Faxen, Junge!«

»Uggah! Uggah!« sagt Matz und setzt sich nicht.

»Hände hoch oder wir schießen!« schreien Tobias und Dirk.

»Uggah! Uggah!« Matz stakst steifbeinig durch den Bus und schwingt seine Arme.

»Peng! Peng!« schreit Dirk.

Matz fällt um. Nicht durch das »Peng! Peng!«. Der Busfahrer hat Gas gegeben. »Verflixt noch mal!« brüllt er jetzt nach hinten. »Alle hinsetzen! Ich hab's euch schon in der vergangenen Woche gesagt. Ich transportiere keine Monster und Gangster mehr! Ich setze die Unsinnmacher raus, wenn das hier so weitergeht.«

»Sie dürfen uns nicht raussetzen«, sagt Tobias. »Weil wir dann nämlich auf dem Schulweg nicht versichert sind. Weil Sie dann nämlich die Schuld haben, wenn uns was passiert. Mein Vater ist nämlich Rechtsanwalt. Der weiß das.«

»Uggah! Uggah!« sagt Matz. Er zieht sich an der Stange neben meinem Sitz hoch, reibt sich sein Hinterteil und hält sich nur locker mit einer Hand fest.

»Hallo, Matz!« sage ich leise. »Ich hab' dir den Platz freigehalten wie immer.«

»Vorsicht!« schreit Sabine von hinten. »Das ist ein Marsmonster. Geh in Deckung, Moni! Marsmonster haben etwas gegen Mädchen!«

Ach was, denke ich. Das ist Matz. Matz hat nichts gegen Mädchen. Matz kaspert schon mal rum. Das ist schnell wieder vorbei.

»Uggah! Uggah!« sagt Matz, fletscht die Zähne und schwenkt seinen freien Arm so wild, daß ich den Kopf einziehen muß, um nicht getroffen zu werden.

Matz ein Marsmonster? Es muß irgendwas mit ihm passiert sein, als ich die Windpocken hatte! Ich putze mir kräftig die Nase. Die Kruste auf der Nasenspitze reißt ab. Es blutet. Auch das noch! Matz kann doch kein Blut sehen. Er hält sich die Hand vor den Mund und rülpst laut.

»Anhalten!« ruft Anja. »Das Marsmonster kotzt gleich. Es ist schon ganz grün im Gesicht!«

Der Busfahrer hält nicht an. Matz setzt sich vorne neben Dirk. Der rückt ein Stück von ihm weg. »Uggah! Uggah!« sagt Matz beruhigend und klopft ihm auf die Schulter. Die Mädchen, die in der Nähe sitzen, kichern.

»Das ist ja wie im Kindergarten!« sagt der Busfahrer wütend und steuert den Bus durch die letzte Kurve vor der Schule.

»Moni heult!« kreischt Nadine.

Na und? Was dagegen? Mir ist jetzt danach.

Wie Matz in der Klasse herummonstert, Frau
Krauss mit ihm alle Hände voll zu tun hat und der
Rektor eingreifen will und nicht darf

Frau Krauss steht auf dem Schulhof. Sie trägt ein weißes Kleid. Ihre blonden Haare hat sie sorgfältig hochgesteckt. Als sie das laute »Uggah! Uggah!« von Matz hinter sich hört, zuckt sie zusammen und sagt: »Laß das doch endlich, Matz! Das ist jetzt wirklich nicht mehr komisch!« Frau Krauss hat rote Flecken am Hals und sieht richtig verzweifelt aus.

Matz merkt es nicht. Er stakst armeschwenkend an ihr vorbei. Tobias und Dirk rennen um ihn herum. »Uggah! Uggah!« schreien sie.

»Uggah! Uggah!« antwortet Matz und dreht sich herum. Mit seiner rechten Hand trifft er ein Mädchen aus der ersten Klasse am Kopf. Als es weinend zu Frau Lehmann laufen will, rempelt Dirk es an. »Petz bloß nicht!« Das Mädchen bleibt stehen.

Frau Krauss sieht mich an. »Ein Glück, daß du wieder da bist, Moni!« sagt sie. »Sieh dir das an! Matz spielt neuerdings mit Dirk und Tobias. Das heißt, spielen kann man das eigentlich nicht nennen. Die beiden gangstern, und Matz monstert. Weißt du, ob Möllers jetzt ein Fernsehgerät haben?«

Ich freue mich riesig, daß Frau Krauss froh ist, daß ich wieder da bin. »Möllers sollen einen Fernseher haben? Nein, ganz bestimmt nicht«, sage ich. »Frau Möller wollte ja nicht mal, daß Matz bei mir zu Hause fernsieht. Bei schönem Wetter haben wir immer draußen gespielt. Bloß in letzter Zeit war Matz nachmittags oft woanders.«

»Woanders? Weißt du, wo?«

Ich schüttele schnell den Kopf. Verflixt! Das ist mir so rausgerutscht. Das wollte ich eigentlich nicht sagen.

»Ich verstehe das nicht«, sagt Frau Krauss. »Niemand sonst hat diesen Film mit den Marsmonstern gesehen. Es soll sich um eine sehr blutrünstige Fortsetzungsgeschichte handeln, in der Marsmonster Mädchen und Frauen fesseln und schlachten. So hat es mir jedenfalls Tobias berichtet. Aber der weiß es auch nur von Matz. Anfangs hat Matz nämlich nicht nur ›Uggah! Uggah!‹ gesagt. Da hat er noch ab und zu mit Tobias und Dirk gesprochen. Ich habe meine Fernsehprogrammhefte durchgesehen und nichts von Marsmonstern gefunden. Was meinst du? Könnte sich Matz den Film ausgedacht haben, um mithalten zu können, wenn die anderen über Fernsehfilme reden?«

Ich ziehe die Schultern hoch und sage: »Ich hab' ja gar nicht gewußt, daß Matz ein Marsmonster ist, ich meine, daß er ein Marsmonster spielt.«

»Stimmt. Du warst ja krank«, sagt Frau Krauss. »Nun sieht dir das an!«

Matz stakst steifbeinig über den Schulhof. Er verfolgt Nadine und Anja. Die rennen kreischend vor ihm davon. Tobias und Dirk schneiden den Mädchen den Weg ab, treiben sie ihm wieder zu. Ich kann gar nicht glauben, was ich da sehe. Ich reibe mir die Augen. Vielleicht ist alles nur ein Traum.

»Matz hat übrigens eine Fünf in der Mathearbeit«, sagt Frau Krauss. »Laß ihn nicht mehr abschreiben, Moni. Ich weiß, du willst ihm helfen. Aber du tust ihm keinen Gefallen damit. Er verläßt sich auf dich. Und wenn du nicht da bist, geht alles schief. Brauchst nichts zu sagen, Moni. Ich weiß, was ich weiß. Moni hat Masern, Matz hat in Mathe eine Fünf. Moni hat Mandelentzündung, Matz schreibt in Mathe eine Fünf. Und jetzt bei den Windpocken? Fünf! Das ist doch kein Zufall, oder?«

Ich sage nichts. Frau Krauss hat ja selbst gesagt: »Brauchst nichts zu sagen.«

»Uggah! Uggah!« Matz stakst auf Nadine und Anja zu. Sie stehen jetzt mit dem Rücken zur Schulhofmauer, können nicht weiter und kreischen schrill. Dirk und Tobias halten den rechten Arm hoch, zielen auf Matz und schreien »Peng! Peng!«. Matz läßt sich fallen. Eine Weile bleibt er regungslos liegen. »Tot! Mausetot!« schreit Dirk und hüpft ausgelassen um die Leiche herum.

Denkste! Matz rappelt sich wieder auf und stakst in eine andere Richtung.

»Dieses Marsmonster ist durch nichts umzubringen«, sagt Frau Krauss. »Es fällt zwar um, wenn jemand schießt, aber es steht immer wieder auf.«

Ich muß plötzlich lachen. Mir gefällt es, daß Matz immer wieder aufsteht. Ich mag ihn. Immer noch. Wenn ich nur wüßte, warum er monstert. Es sieht zu komisch aus, wie er sich jetzt um die eigene Achse dreht und die Beine dabei ganz steif läßt.

»Das ist nicht zum Lachen«, sagt Frau Krauss. »Seit Matz monstert, habe ich morgens manchmal Angst, in die Klasse zu gehen. Komm mit, Moni! Die Stunde fängt gleich an.«

In der Klasse ist es laut. Der Lauteste von allen ist Matz. Sein »Uggah! Uggah!« übertönt alle.

»Ruhe!« brüllt Frau Krauss. »Ruhe!!!!« Sie schreibt Matheaufgaben an die Tafel. Die sollen wir abschreiben und ausrechnen.

Matz sitzt neben mir und malt eine Frau ohne Kopf. Der Kopf liegt neben den Beinen. Als er merkt, daß ich ihm zusehe, schreibt er KRAUSS RAUS! auf die Heftseite.

Als wir anderen mit den Matheaufgaben fertig sind, sagt Frau Krauss: »Holt mal eure Hausaufgaben heraus!«

»Uggah! Uggah!« sagt Matz und schüttelt den Kopf. »Marsmonster machen keine Hausaufgaben!« übersetzt Tobias. Es wird unheimlich laut in der Klasse. Alle wollen plötzlich Marsmonster sein und keine Hausaufgaben machen müssen.

Mir wird ganz heiß. Ich denke: Ich krieg' wieder Fieber. Ich bleib' morgen zu Hause. Hier merkt ja sowieso keiner, daß ich wieder da bin. Ich halte mir die Ohren zu. Frau Lehmann wär' schon längst zum Rektor gerannt.

Frau Krauss braucht es nicht. Der Rektor kommt zu uns. Er sieht zur Tür herein. »Was ist denn hier los?« fragt er ärgerlich.

»Die Montagsmonster sind los«, sagt Frau Krauss.

»Immer dieses viele Fernsehen am Wochenende!« sagt der Rektor.

»Na, da muß ich wohl eingreifen.« Ich ziehe den Kopf ein.

»Nein, nein«, sagt Frau Krauss schnell. »Wir kriegen das schon hin, nicht wahr?« Sie sieht uns dabei beschwörend an.

Plötzlich ist es ganz still in der Klasse.

»Na gut, wie Sie meinen«, sagt der Rektor zu Frau Krauss und geht. Er sah fast beleidigt aus. Ich glaube, er hätte gern eins von seinen berüchtigten Donnerwettern losgelassen.

Frau Krauss liest uns jetzt eine Geschichte von einem Jungen vor, der abends ein Spielzeuggewehr mit ins Bett nahm, ein Nudelholz ans Fußende legte und ein Messer auf den Nachttisch. Er hatte Angst vor einem Einbrecher, der immer unter seinem Bett lag. Als er von einem Onkel nach dem Aussehen des Mannes gefragt wurde, sagte der Junge: »Keine Ahnung. Ich schau doch nicht unters Bett!«

»Der hatte Angst. Der bildete sich den Einbrecher nur ein«, sagt Dirk.

»Das kommt davon, wenn einer abends zu viel Krimis sieht«, sagt Thomas.

»Klar! Der hat zu viel ferngesehen!« ruft Sabine.

Frau Krauss lacht. »Seht mal her! Das Buch ist ganz alt.« Sie reicht es herum. »Das Buch ist 1890 gedruckt worden.«

»Im Jahr 1890 gab's noch keine Fernseher«, sagt Tobias.

»Der kann ja auch einen Krimi *gelesen* haben. Am Abend, vor dem Einschlafen«, meint Dirk.

Ich melde mich. Ich muß das machen, damit alle merken, daß ich wieder da bin.

Frau Krauss nimmt mich sofort dran. »Ja, Moni?«

»Der Junge im Buch«, sage ich. »Der hätte lieber ein lustiges Buch lesen sollen. Das hab' ich jetzt immer gemacht, als ich krank war. Da durfte ich nicht fernsehen. Wegen Fieber und so. Ich hab' mir vorgestellt, ich wär' die Hauptperson im Buch, und dann konnte ich prima einschlafen.«

»Ich seh' lieber fern!« schreit Tobias.

»Ich auch! Ich auch!« schreien viele und reißen die Arme hoch. Nur ein paar Kinder lesen lieber. Frau Krauss will von uns wissen, warum. Wir sehen uns an. Frau Krauss spielt mit ihrem Bleistift und wartet.

Ich mag es nicht, wenn Frau Krauss immer mit dem Bleistift auf ihren Tisch klopft und uns ansieht. Ich melde mich noch mal und sage: »Wenn ich so vor dem Fernseher sitze, und das ist da so richtig spannend, dann krieg' ich hier immer so'n komisches Gefühl.« Ich zeige auf meinen Bauch. »Und dann muß ich aufs Klo.«

Alle lachen. »Und wenn ich dann zurückkomme«, sage ich, »hab' ich ein großes Loch im Film. Ich meine, mir fehlt ein Stück vom Film. Das kann mir im Buch nicht passieren.«

»Das kannst du sogar mit aufs Klo nehmen!« schreit Tobias.

»Das macht Moni sowieso immer!« brüllt Matz.

Ich setze mich schnell und halte die Hände vors Gesicht. Weil ich wütend bin und mich gleichzeitig freue. Matz hat ganz normal geredet, und er hat mich dabei sogar angesehen.

In das Gelächter hinein klingelt es zur großen Pause. Ein Glück! Schnell raus aus der Klasse und an die frische Luft!

Frau Krauss hat Hofaufsicht. Tobias und Dirk versuchen Matz mit einem Seil zu fesseln. Matz tritt um sich und schreit laut sein »Uggah! Uggah!«

»Halt! Auseinander!« Frau Krauss hat alle Hände voll zu tun, Matz zu befreien. Jetzt sieht sie anders aus als heute morgen. Ihr weißes Kleid hat Flecken. Ihr Haar hängt wirr herunter.

Ich lehne an der Schulhofmauer. Sie kommt zu mir. »So geht das nicht weiter«, keucht sie. »Ich glaube, ich werde Frau Möller kommen lassen müssen.«

Alles, nur das nicht, denke ich. Die arme Frau Möller! Sie hat schon so viel Ärger mit Peter. Ich renne los. »He, Matz! Warte mal!« Matz wartet nicht. Er stapft mit steifen Beinen weiter und stößt mich weg, als ich ihn festhalten will. Als ich fast schon losheule, steht Frau Krauss wieder neben mir. Sie legt einen Arm um meine Schultern und sagt: »Ausgerechnet Matz. Von dem hätte ich das nicht gedacht.«

»Von Matz hätte ich das nicht gedacht«, sagt auch Onkel Butenschön, als ich am Nachmittag im Laden von Matz als Marsmonster berichte.

»Was? Matz redet nicht mehr mit dir und monstert? Das hat er bestimmt nur angefangen, weil du nicht in der Schule warst, Moni«, sagt Tante Butenschön und sieht mich böse an.

»Na und?« sage ich. »Ich kann doch nichts dafür, daß ich krank war. Matz hat mich angesteckt. Der hatte zuerst die Windpocken.«

»Mach dir keine Sorgen, Kind. Das wird schon wieder«, sagt Herr Schluckebier.

»Aber wie denn?« frage ich. »Wie?«

»Wirst schon sehen«, sagt Frau Mai.

»Nimm's nicht so schwer, Moni!« sagt Mama am Abend nach der Arbeit.

»Das gibt sich wieder«, sagt Papa und macht den Fernseher an.

Aber es gibt sich nicht. Ich bin jetzt schon in der zweiten Woche wieder in der Schule. Matz sieht immer an mir vorbei oder durch mich hindurch.

Ich hab' vier Schokoladenwürfel gekauft. Ganz allein. Im Supermarkt. Von meinem Geld. Ein tolles Gefühl! Aber ich hab' Matz nichts von der Schokolade abgegeben. Er tut immer so, als wär' ich Luft für ihn. Von »Luft« kann man keine Schokolade kriegen, oder? Ich hab' mit Sabine geteilt. Weil Matz neuerdings hinter ihr her ist und sie schlachten will.

Ich weiß nicht, was ich machen soll. Mal hab' ich eine Stinkwut auf ihn, und dann möchte ich ihm gern helfen. Wenn ich nur wüßte, wie! Ob er vielleicht bloß nicht mehr mit Mädchen spielen will? Das könnte er mir doch sagen. Deswegen braucht er nicht zu monstern. Alle meckern inzwischen mit Matz. Sogar die Jungen, die vorher mitgemacht haben oder über ihn gelacht haben. Sie sind sauer auf ihn, weil er immer gerade dann ganz laut sein »Uggah! Uggah!« in die Klasse brüllt, wenn Frau Krauss wichtige Hausaufgaben erklärt, wenn wir Spiele machen oder so.

Warum Marsmädchen mutiger sind und alle in der
Klasse plötzlich zum Mars wollen

Heute ist ein besonderer Tag. Frau Krauss hat versprochen, den
Schulcassettenrecorder mit in die Klasse zu bringen. Sie stellt ihn
auf den Tisch und sagt: »Es machen alle mit, aber ich brauche ein
paar mutige Mitmacher hier vorne. Wer kommt zu mir? Wer hat
Lust?«

Ich hab' keine Lust. Ich hab' im Augenblick zu nichts Lust. Butenschöns haben das auch schon gemerkt. »Schleichst ja immer rum,
als wär' dir die Petersilie verhagelt«, hat Tante Butenschön gesagt.
Und Onkel Butenschön wollte von mir wissen, ob ich wegen Matz
die Ohren hängen lasse. »Monstert er immer noch?«

»Ja«, habe ich gesagt. »Matz monstert immer noch. Er will nichts
mehr von mir wissen. Und wenn er ein Marsmonster bleibt, will
ich auch nichts mehr von ihm wissen.« Dann bin ich schnell aus
dem Laden gerannt. Ich muß in letzter Zeit verflixt oft heulen.

Weil so schönes Wetter war, bin ich zu Bauer Hansen gegangen.
Eigentlich darf ich das nicht. Mama will nicht, daß ich allein durch
die Felder und den Wald gehe. Bauer Hansen hat sofort nach Matz
gefragt. »Sag ihm, daß er die Bretter haben kann für eure Hütte!«

»Matz spielt nachmittags nicht mehr mit mir. Der redet auch nicht
mehr mit mir. Der monstert bloß noch«, hab' ich gesagt.

»Aha!« hat Bauer Hansen gesagt und sich am Kopf gekratzt. »Was
ist das?«

»Matz macht ein Monster vom Mars nach und verfolgt Mädchen.«

»Donnerwetter!« Bauer Hansen hat laut gelacht. Erst als er mein
Gesicht sah, hat er gesagt: »Keine Sorge, min Deern, wenn der

Hahn kräht auf dem Mist, dann ändert sich das Wetter oder es bleibt, wie es ist.«

Der Spruch hat mir gefallen. Ich bin durch den Wald und die Felder nach Hause gehüpft, hab' mit den Silberknöpfen geklimpert und vor mich hingesagt: »Wenn der Hahn kräht auf dem Mist, dann ändert sich das Wetter oder es bleibt, wie es ist.« Mir ist sogar eine Melodie dazu eingefallen. Ich hab' den Spruch gesungen. Immer und immer wieder. Morgen wird alles gut, hab' ich gedacht. Morgen, wenn der Hahn kräht oder so. Kurz vor Butenschöns Laden hab' ich gesungen: »Wenn der Hahn kräht auf dem Mist, ändert sich der Matz oder er bleibt, wie er ist.« Erst da ist mir aufgefallen, daß es eigentlich ein ganz blöder Spruch ist.

Frau Krauss hat den Cassettenrecorder inzwischen angeschlossen. Nadine, Sabine und Anja sind zu Frau Krauss nach vorne gegangen.

»Es sollten wenigstens vier oder fünf Kinder sein«, sagt Frau Krauss und wartet. Beim Warten klopft sie mit ihrem Bleistift auf den Cassettenrecorder. Na gut. Ich gehe nach vorne. Frau Krauss freut sich. »Damit ihr's wißt: Die vier hier kommen vom Mars«, erklärt sie.

Oh nein! Vom Mars!! Ausgerechnet vom Mars!! Das macht sie mit Absicht, wetten? Wegen Matz. Ich wollte, ich hätte mich nicht gemeldet.

»Lauter Marsmädchen. Kein Marsmann!« ruft Dirk.

»Marsmädchen sind mutiger!« behauptet Frau Krauss. »Wir lassen jetzt eine fliegende Untertasse im Klassenzimmer landen. Ich nehme das auf Cassette auf. Macht mal alle zusammen ein kräftiges Landegeräusch!«

Das können wir. Das zischt, das pfeift, das gellt in den Ohren! Mitten hinein brüllt Matz laut sein dämliches »Uggah Uggah!«. Egal. Es geht weiter. Gemeinsam betrachten wir vier vom Mars die komischen Wesen, die da vor uns sitzen. Die bestaunen uns laut.

»Die haben ja Antennen auf dem Kopf!« schreit Tobias.

»Und grün sind sie. Von oben bis unten grün!« ruft Dirk.

»Ihr seid glitschig!« schreit Tina.

»Die haben ja drei Köpfe!« brüllt Klaus und faßt sich an den Kopf.

Was? Das sollen wir sein? Schrecklich! Wir sehen uns an und denken wohl alle dasselbe: Hätten wir uns doch lieber nicht gemeldet! Ach du liebe Zeit. Jetzt sollen wir auch noch eckige Köpfe haben, Elefantenfüße und einen langen Schnorchel als Nase.

»Und ein Blinklicht vor dem Bauch!« ruft Kai.

»Drehbare Stielaugen vorne und ein Auge am Hinterkopf«, sagt Tanja.

»An den Hinterköpfen«, verbessert Klaus.

»Computer auf dem Rücken!« Das war Oliver, unser Mathegenie.

»Sechs Fangarme!« ruft Christiane.

»Auf jeder Seite drei!« ergänzt Oliver.

»Uggah! Uggah!« schreit Matz und wedelt mit den Armen.

»Halt die Klappe!« brüllt ihn Tobias an. Ihm macht das Spiel Spaß. Allen macht es Spaß.

»Jetzt müssen wir zurückspulen«, sagt Frau Krauss. »Sonst bleiben das ›Uggah! Uggah!‹ von Matz und das ›Halt die Klappe!‹ von Tobias in unserem Hörspiel.«

Frau Krauss hat Schwierigkeiten mit der Technik. Ich helfe ihr. Es dauert eine Weile, bis wir wieder an der richigen Stelle sind.

»Achtung! Es geht weiter!« sagt Frau Krauss. »Ich finde die Marsmädchen übrigens jetzt schön genug. Vielleicht fragt ihr vier jetzt mal, wo ihr hier gelandet seid.«

Wir sprechen ab, daß wir gemeinsam im Robotertonfall reden wollen. Ganz eintönig und abgehackt. Wir versuchen es im Chor. Kurzer Blickkontakt. Jetzt! »WO–SIND–WIR–HIER–GE–LAN–DET?«

»In der Schule!« ruft Thomas.

»Uggah! Uggah!« schreit Matz dazwischen. Frau Krauss drückt schnell auf Pause.

»So ein Mist!« brüllt Stefan. »Der Clown versaut uns die ganze Aufnahme!« Frau Krauss soll Matz vor die Tür stellen.

»Nein! Nicht vor die Tür!« sage ich leise. Ich denke an die Vielfüßler im Kindergarten und die Klopapierschlangen. Wer weiß, was Matz draußen auf dem Schulgang anstellt.

Matz bleibt drin. Wir fragen wieder: «WO–SIND–WIR–HIER–GE–LAN–DET?«

»In der Schule!« ruft Thomas noch einmal.

»Was ist Schule?« flüstert uns Frau Krauss zu.

«WAS–IST–SCHU–LE?« fragen wir laut im Chor.

»Eine Schule ist . . . da lernt man was!« ruft Martin.

Wir haben das Spiel begriffen. Frau Krauss muß uns nichts mehr zuflüstern.

»WAS–IST–LER–NEN?«

»Schreiben und rechnen lernt man!« ruft Klaus.

»WAS–IST–SCHREI–BEN–UND–RECH–NEN?«

»Buchstaben und Zahlen!« schreit Elke.

»WAS–SIND–BUCH–STA–BEN–UND–ZAH–LEN?«

»Mensch, sind die Marsmädchen dämlich!« brüllt Tobias und zeigt uns den Vogel. »Die wissen ja überhaupt nichts.«

»Ganz schön schwer zu erklären, was Buchstaben und Zahlen sind, nicht wahr, Tobias?« Frau Krauss lacht. Sie hat längst auf die Pausentaste gedrückt und fragt uns, wie es weitergehen soll.

»Ist doch klar«, sagen wir. »Wir sind jetzt schon besser programmiert. Wir haben ja Computer auf dem Rücken. Wir fragen jetzt: ›Wer bringt euch das alles bei?‹«

»Achtung! Aufnahme!« sagt Frau Krauss.

»WER–BRINGT–EUCH–DAS–AL–LES–BEI?«

»Unsere Lehrerin.«

»WAS–IST–EI–NE–LEH–RE–RIN?«

»Ein Mensch!«

»WAS–IST–EIN–MENSCH?«

»Ein Säugetier!«

Großes Gelächter. »Unsere Lehrerin ist ein Säugetier!« schreit Matz, zeigt auf Frau Krauss, haut sich vor Vergnügen auf die Oberschenkel und hat plötzlich sein »Uggah! Uggah!« vergessen. Aber niemand kümmert sich darum. Alle sind gespannt, wie das Spiel weitergeht.

»Jetzt können uns die anderen ja mal fragen, wie es bei uns auf dem Mars ist!« schlägt Nadine vor.

»Eine gute Idee!« sagt Frau Krauss. »Achtung! Aufnahme!«

»Wo wohnt ihr auf dem Mars?« will Stefan wissen.

»IN–GROS–SEN–KU–GELN–AUS–LUFT«, sagt Anja.

»Luft auf dem Mars!« Matz kichert und tippt sich an die Stirn.

»Gibt es viele Tiere auf dem Mars?« fragt Frank und zeigt stolz auf seine Sammlung von Plastiktieren aus den Schokoladenwürfeln. Er hat viel mehr als ich, aber keinen Igel.

»VIE–LE–MARS–I–GEL!« sage ich.

»Wo schlaft ihr?« Mensch, das war wieder Matz! Aber außer mir merkt das keiner.

»WIR–SCHLA–FEN–AUF–DEN–MARS–I–GELN!« sagt Nadine.

»Igittigitt, die sind doch stachelig, oder?« Silke ist entsetzt.

»DIE–STA–CHELN–ZIE–HEN–WIR–IH–NEN–VOR–DEM–SCHLA–FEN–GE–HEN–RAUS«, sagt Anja.

»Das ist Marstierquälerei!« brüllt Klaus in die Klasse. Er ist für den Tier– und Umweltschutz.

»DIE–STA–CHELN–WACH–SEN–DEN–MARS–I–GELN–IM–MER–WIE–DER–NACH«, sagt Sabine.

»Warum habt ihr drei Köpfe?« Das war Thomas.

»WENN–EIN–GE–HIRN–AUS–FÄLLT–NEH–MEN–WIR–DAS–NÄCH– STE!« fällt mir ein.

Alle lachen, und Frau Kraus schaltet schnell auf Pause. Kurz darauf geht es weiter.

»Was eßt ihr?« fragt Silke.

»BLECH–SCHRAU–BEN–MUT–TERN–SCHROTT–UND–SO«, sagt
Nadine.

»AM–LIEB–STEN–SCHÖN–RO–STIG«, sagt Anja.

»Prima, dann können wir ja unseren ganzen Müll zu euch rauf-
schicken«, ruft Dirk.

»He, gibt es bei euch auf dem Mars eine Schule?« fragt Tobias.

Wir sehen uns an, zucken die Achseln und grinsen. »WAS–IST–
EI–NE–SCHU–LE?« fragen Nadine, Anja, Sabine und ich im Chor.

»Auf zum Mars!« schreit Dirk. »Da gibt es keine Schulen!«

»Auf zum Mars!« schreien alle.

Frau Krauss drückt auf die Pausentaste am Cassettenrecorder.
»Das könnte euch so passen!« sagt sie. »Aber das ist ein toller
Schluß.«

»Die Idee ist Klasse«, finden wir und setzen uns wieder hin.

»Ja, die Idee ist von mir«, sagt Frau Krauss. »Aber erst mit eurer
Phantasie ist was daraus geworden, nämlich ein tolles Hörspiel.
Und jetzt lassen wir die fliegende Untertasse mit einem Riesenge-
töse wieder starten. Achtung, fertig, los!« Sie drückt auf die Auf-
nahmetaste. Wir machen einen Höllenlärm. Leider schreit Matz
wieder sein »Uggah! Uggah!« hinein. Und ich hatte schon gedacht,
damit wär' es jetzt vorbei.

Wie Matz kein Feigling sein will und ich mit Absicht petze

In unserer Klasse sitzen Mädchen neben Mädchen und Jungen neben Jungen. Nur Matz und ich saßen noch nebeneinander. Wir waren die Ausnahme von der Regel, sagte Frau Krauss. Damit ist es vorbei. Neben mir sitzt jetzt Sabine.

Sabine ist sehr gut in Mathe. Die schreibt nicht ab. Frau Krauss hat gesagt, sie hätte Matz nicht wegen Mathe von mir weggesetzt, sondern weil er mich immer gestört hätte. Mit seinem »Uggah! Uggah!«, seinem Zähnefletschen und Armeschwenken. Aber das ist eine Ausrede. Matz hat mich zwar gestört. Manchmal sogar sehr. Aber ich wollte nicht, daß Frau Krauss ihn wegsetzt.

Ich hab' immer mal wieder versucht, mit ihm zu reden. Zum Beispiel, wenn ihm ein Heft runtergefallen war, hab' ich gesagt: »Dein Heft ist runtergefallen.« Dann hat Matz in die Klasse gebrüllt: »WAS–IST–EIN–HEFT?« Wenn ich dann »Psst!« gemacht habe, hat Matz laut gefragt: »WAS–IST–EIN–PSST?« Und wenn mal mein Ellbogen zu weit zu ihm rübergerutscht ist, hat er sein »Uggah! Uggah!« gebrüllt und ist von mir weggerückt, als ob ich ansteckend wär' oder so.

Ich hab' mit Mama über Matz gesprochen. Mama wollte mit mir zu Frau Möller gehen. »Nein, lieber nicht«, hab' ich gesagt. »Dann sagt Matz wieder, ich hätte gepetzt.«

Nachmittags sehe ich jetzt wieder fern. Wie früher. »Luzie, der Schrecken der Straße« war toll. Die Luzie mag ich. Der passieren immer Zaubereien. Ich wollte, ich könnte zaubern. Dann würde ich Matz das Monstern wegzaubern.

Mama hat Peter und Matz im Supermarkt gesehen. »Der Peter hat Videocassetten gekauft«, hat Mama gesagt.

»Na und?« hab' ich gesagt. Peter war mir egal. Ich wollte bloß wissen, was mit Matz war. »Hat er ›Uggah! Uggah!‹ gesagt und um sich geschlagen?«

»Zum Glück nicht«, hat Mama gesagt. »Er stand nämlich neben einem Konservendosenstapel. Er war wie immer. Ganz normal.«

In der Schule benimmt sich Matz jedenfalls nicht normal. Da eckt er immer und überall an. Ich war nicht auf dem Schulhof, als Martin, Klaus und Frank ihn verhauen haben. Frau Lehmann hatte heute Hofaufsicht. Sie hat angeblich nichts gehört und gesehen. Frau Krauss hat die Jungen getrennt, Matz ein Pflaster auf die blutende Stirn geklebt und gesagt: »Klaus hat bei der Klopperei mitgemacht? Das verstehe ich nicht. Der ist doch sonst so friedlich. Was hast du nur wieder angestellt, Matz?«

Matz hat nichts gesagt. Nicht mal »Uggah! Uggah!«. Ich wußte, was er gemacht hatte. Er war hinter Silke hergewesen. Silke ist das kleinste Mädchen in unserer Klasse. Ziemlich dünn und blaß ist sie auch. Der tut sonst keiner was. Matz hat ihr ein Bein gestellt, und sie hat sich beim Fallen das Knie blutig geschlagen. Sie hat um Hilfe geschrien. Die Jungen sind gekommen, und so ist es passiert.

Jetzt sitzt Matz neben mir im Schulbus. Zum ersten Mal, seit ich die Windpocken hatte. Wir fahren in Richtung Eichenstädt. Matz hält sich den Kopf. Das Pflaster auf seiner Stirn ist blutdurchtränkt. Gut, daß er es nicht sehen kann.

»Drei gegen einen, das ist gemein. Diese Feiglinge!« Matz sagt es mehr zu sich als zu mir.

Ich hatte mir vorgenommen, besonders nett zu Matz zu sein, wenn er mal wieder normal reden würde. Aber jetzt kann ich es nicht. »Du bist auch ein Feigling!« sage ich. »Sogar ein ganz großer. Du tust so, als hättest du ferngesehen, bloß damit du bei Tobias und

Dirk angeben kannst. Du willst lieber mit denen als mit einem Mädchen gehen. Du hast was gegen Mädchen. Genau wie die anderen Jungen in unserer Klasse. Gib's schon zu!«

Matz wird knallrot. «Ich hab' ferngesehen! Ich bin kein Feigling!« stößt er hervor und hält sich den Bauch. Da hat er anscheinend auch was abgekriegt. Genützt hat es nichts. Jetzt lügt er auch mich noch an.

»Ihr habt ja gar keinen Fernseher!« sage ich.

»Wir nicht, aber mein Bruder«, stöhnt Matz und fühlt über das Pflaster an der Stirn. Naß! Blut! Er wird blaß, tut so, als wär' nichts, und sagt schnell: »Mein Bruder hat sogar einen Videorecorder. Wer achtzehn Jahre alt ist, kann sich ganz tolle Videofilme ausleihen. Die sind im Fernsehen verboten. Sogar für Erwachsene. Da rollen die Köpfe. Da fließt Blut. Peter fragt immer: ›Hast du Angst, Matz? Hast du jetzt Angst? Geh ruhig raus, wenn du Angst hat, Matz!‹ Aber ich geh' nie raus. Ich hab' keine Angst. Ich bin kein Feigling! Das mit dem Videorecorder ist streng geheim. Wehe, du verrätst das! Meine Mutter weiß nichts davon!«

Obwohl Matz nicht gerade besonders nett zu mir war, habe ich das Gefühl zu schweben. Ich weiß etwas, das nicht mal die Mutter von Matz weiß. Kurz darauf renne ich die Stufen zu Butenschöns Laden rauf, reiße die Ladentür auf und rufe: »Matz hat heute im Bus neben mir gesessen. Er hat mit mir gesprochen!«

Onkel Butenschön ist allein im Laden. »Donnerwetter!« sagt er. »Was hat er denn gesagt?«

»Das ist streng geheim. Aber ich glaube, ich weiß jetzt, warum Matz monstert. Alles wird gut!« Man muß nur über die Angst reden, denke ich, dann verschwindet sie ganz von selbst. Das kenne ich von der Werwolfsache und der Riesenheuschreckenplage.

Am Abend im Bett weiß ich: Morgen wird alles gut. Ich freue mich auf die Schule und klimpere nicht mal mit den Silberknöpfen. Das hab' ich nicht nötig. Das klappt auch so.

Denkste! Nichts hat geklappt. An diesem Morgen, auf den ich mich so gefreut hatte, war Matz schlimmer als vorher. Er hat den Unterricht gestört, hat die Fenster aufgerissen und »Uggah! Uggah!« rausgebrüllt. Er hat den Papierkorb umgestoßen und Frau Krauss fast zum Weinen gebracht.

Jetzt ist Schulschluß, und Frau Krauss nimmt mich beiseite. »Moni, du sagst mir bitte, wenn du irgendwas hörst oder weißt, ja? Ich mache mir große Sorgen um Matz. Weißt du etwas?«

Ich schüttele den Kopf und presse die Lippen fest zusammen.

Frau Krauss sieht mich prüfend an. »Heißt das, du weißt was, aber du sagst es mir nicht?«

Ich presse die Lippen noch fester zusammen und sehe weg.

»Tja, dann muß ich wohl doch die Mutter von Matz kommen lassen«, sagt Frau Krauss.

»Nein!« sage ich.

»Doch!« sagt Frau Krauss. »Es geht nicht anders.«

»Der Matz hat einen Bruder«, sage ich schnell. »Der ist schon achtzehn. Der macht seiner Mutter ganz viel Sorgen. Sie sagt immer: ›Gut, daß Matz nicht so ist.‹ Wenn sie jetzt auch noch Ärger mit Matz kriegt . . .!«

»Ich will Frau Möller keinen Ärger machen«, sagt Frau Krauss. »Ich will ihr helfen. Vielleicht weiß sie nicht, was Matz in der Schule so treibt. Vielleicht ist er zu Hause bei ihr ganz anders.«

Frau Krauss sieht mich traurig an. »Ausgerechnet Matz«, sagt sie. »Wenn ich nur wüßte, was mit ihm passiert ist. Ich mag ihn.«

»Ich mag ihn auch«, sage ich leise. »Schon ganz lange.«

»Ich weiß!« sagt Frau Kraus. »Ihr wart die siamesischen Zwillinge bei der Einschulung. Frau Lehmann wollte euch auseinanderreißen. Nun wird es wohl leider doch zur Trennung kommen.«

»Zur Trennung? Wieso? Warum?« Ich hab' plötzlich Herzklopfen.

»Wenn Matz so weitermonstert, keine Hausaufgaben macht und schlechte Arbeiten schreibt, bleibt er sitzen«, sagt Frau Krauss.

Nein. Das darf nicht sein. Ich hab' plötzlich eine Mordswut auf diesen Peter mit seinem Videorecorder. Der ist an allem schuld. Matz will vor seinem großen Bruder nicht zugeben, daß er Angst hat. Dabei hat er welche, wetten? Ich muß ihm helfen. Ich muß petzen. Mit Absicht. Es geht nicht anders. Er darf nicht sitzenbleiben.

»Aber es ist streng geheim«, sage ich zu Frau Krauss. Die beugt sich zu mir herunter.

»Matz sieht Videofilme«, flüstere ich. »Filme, die nichts für Kinder sind. Solche, in denen auch Marsmonster vorkommen, die Menschen abschlachten und Köpfe rollen lassen, glaube ich.«

»Ach du liebe Zeit! Ehrlich?«

Ich schlucke schwer und nicke. »Sein Bruder Peter ist an allem schuld. Der ist achtzehn. Der hat jetzt eine eigene Wohnung und ein Motorrad und einen Fernseher und einen Videorecorder. Das hat er alles auf Raten gekauft. Und weil er nicht genug Geld dafür hat, leiht es ihm Frau Möller. Und die geht deswegen nachmittags zum Arbeiten ins Altersheim. Frau Möller weiß bestimmt nicht, daß Matz bei seinem Bruder solche Filme sieht. Die weiß nicht mal, daß er einen Videorecorder hat.«

Jetzt ist es heraus. Mir ist ganz schlecht vor Aufregung. Ich habe grüne und gelbe Kringel vor den Augen.

»Das ist ja schrecklich«, sagt Frau Krauss. »Der arme Matz. Damit wird er natürlich nicht allein fertig.« Sie nimmt mich in den Arm. »Gut, daß du mir alles gesagt hast. Wir müssen unbedingt etwas unternehmen, Moni!«

Ich weiß nicht, was Frau Krauss mit »etwas unternehmen« meint. Ich hab' Angst davor. Aber gleichzeitig bin ich auch froh, weil dann endlich was passiert. Außerdem: Frau Krauss hat gesagt, *wir* müssen unbedingt etwas unternehmen. Sie wird sich bestimmt bei mir melden. Rechtzeitig, bevor sie etwas unternimmt. Frau Krauss ist so. Die hält, was sie verspricht.

Wenn nur jetzt alles wieder gut wird! Weil ich bloß immer mit Matz zusammen war, hab' ich keine echten anderen Freunde und Freundinnen und geh' oft allein über den Schulhof.

Frau Krauss hat mal Steckbriefe von uns haben wollen. Als Hausaufgabe. Jedes Kind mußte ein Foto von sich heraussuchen und mitbringen. Die Fotos wurden auf dünne Pappe geklebt, und wir haben unsere Namen, unsere Hobbies und unsere Freunde auf die Pappe geschrieben. Natürlich auch, wann und wo wir geboren sind. Die anderen hatten ganz viele Freunde und Freundinnen angegeben. Auch Frau Krauss. Die hatte ein Kinderbild von sich aufgeklebt und uns alle als ihre Freunde druntergeschrieben. Auf dem Steckbrief von Matz stand hinter dem Wort »Freunde«: Moni Wiedemann. Bei mir stand: Matz Möller.

Die Steckbriefe hängen an der Pin–Wand in unserer Klasse. Matz hat meinen Namen durchgestrichen. Ganz dick. Mit rotem Filzstift. Ich hab's jetzt erst entdeckt. Er hat es gemacht, während ich die Windpocken hatte. Sabine hat es mir gesagt.

Ob ich Matz jetzt auf meinem Steckbrief auch durchstreichen muß? Ach was. Jetzt wird alles wieder gut. Frau Krauss und ich, wir werden was unternehmen.

Zwei Tage lang ist nichts passiert. Ich hab' Frau Krauss immer mal wieder angesehen und mich an ihrem Tisch herumgedrückt. Nichts.

Gestern bin ich in der großen Pause zufällig ins Sekretariat zum Kreideholen gegangen. Wer stand da? Frau Möller. Sie war aufgeregt. Sie redete mit Frau Krauss und dem Rektor. Matz war auch dabei. Er heulte, sah mich und schrie: »Alte Petze!«

Ich bin auf den Schulhof gerannt. Da wurde schon getuschelt. Alle wußten, daß Frau Möller mit Matz beim Rektor ist.

Als die Pause vorbei war, saß Matz schon in der Klasse. Er schniefte und schluckte und schrie: »Ich hab' Fernsehverbot! Und die da ist schuld. Die hat gepetzt.« Er zeigte auf mich.

Jetzt bin ich wieder die Petze. Matz schreit nicht mehr sein »Uggah! Uggah!«. Er sitzt ganz still auf seinem Platz, meldet sich nicht und macht nichts. Die anderen versuchen, ihn dazu zu bringen, Marsmonster zu spielen. Nichts da! Matz sitzt da und starrt vor sich hin. Dafür schreien alle »Petze!«, wenn sie mich sehen. Sie kippen mir in der Pause meine Schulmappe aus. Sie hängen mir Zettel auf den Rücken. Auf den Zetteln steht ganz groß das Wort »Petze«.

»Fernsehverbot ist das Schlimmste, was einem Kind passieren kann«, sagt Anja. Das finden alle.

Ich bin sauer auf Frau Krauss. Mit der rede ich nie mehr! Ich melde mich auch nicht mehr im Unterricht. Ich streiche meinen Namen auf ihrem Steckbrief aus. Ganz dick. Mit rotem Filzstift.

»Wir müssen was unternehmen, Moni!« hat sie gesagt. Und dann hat sie ganz allein was unternommen. Ohne mich.

Ich gehe zu Onkel Butenschön in den Laden und klimpere mit meinen Silberknöpfen: »Für zwanzig Pfennig Bildsalat!«

Onkel Butenschön läßt alles stehen und liegen und geht mit mir hinaus zu den Obst- und Gemüsekisten. »Schlechte Träume, Moni?«

»Ich wollte, es wär' ein Traum. Aber es ist alles ganz wirklich und ganz schrecklich und überhaupt.« Jetzt fange ich auch noch an zu weinen. So ein Mist! Hoffentlich kommt nicht Tante Butenschön dazu und sieht mich. Die weint nie. »Ich hab' dem Matz doch helfen müssen«, sage ich. »Es ging nicht anders. Und jetzt sagt er Petze zu mir. Alle sagen Petze zu mir.«

»Erzähl mal!« sagt Onkel Butenschön und leiht mir sein großes, kariertes Taschentuch. Ich putze mir die Nase und erzähle ihm alles. »Es ist eigentlich streng geheim«, sage ich zum Schluß. »Aber ich glaube, ich hab' sowieso schon alles falsch gemacht.«

»Was ist denn daran falsch?« Onkel Butenschön zupft ein welkes Blatt vom Salat und zerrupft es.

162

»Matz hat jetzt Fernsehverbot. Daran bin ich schuld. Ich! Fernsehverbot ist das Schlimmste, was einem Kind passieren kann. Das sagen alle.«

»Und du? Findest du das auch?«

Ich nicke und schniefe.

»Na, du mußt es ja wissen«, sagt Onkel Butenschön. »Und ich hab' immer gedacht, du hättest nachmittags lieber mit Matz gespielt als ferngesehen. Wie man sich doch täuschen kann. Ich finde es jedenfalls sehr gut, daß du den Mund aufgemacht hast. Es war bestimmt höchste Zeit. Matz braucht Hilfe. Nach solchen Filmen können ja sogar Erwachsene plötzlich verrückt spielen.«

Wie ich in Butenschöns Laden mit Knöpfen
bezahle und merke, daß es Lebensretter
nicht leicht haben

»Gut, daß du den Mund aufgemacht hast, Moni!« hat Onkel Butenschön vor dem Laden gesagt. Und er? Was hat er gemacht? Er hat ihn nicht aufgemacht. Er hat mir nicht gesagt, was er mit den roten Buchstaben machen wollte. Den roten Pappbuchstaben, die Tante Butenschön am ersten Schultag nach den Windpocken ausgeschnitten hatte. RÄUMU hatte ich gelesen. Es sind noch viele Buchstaben dazugekommen. Sie kleben jetzt an Butenschöns Schaufensterscheibe. RÄUMUNGSVERKAUF! steht da. Den Schreck werde ich nie vergessen. Nie in meinem ganzen Leben.

Herr Bolte steht vor der Theke und will den Laden mieten. Als Lagerraum. Natürlich erst, wenn er leer ist. Jetzt sind die Regale noch voller Waren. Ich kann mir den Laden gar nicht leer vorstellen. Ich will ihn mir nicht leer vorstellen. Alles soll bleiben, wie es ist.

Ich stehe da und heule. So eine Gemeinheit! Das hätten Butenschöns mir sagen müssen. Rechtzeitig. So lange reden sie schon vom Dichtmachen. Nie ist es passiert. Und ausgerechnet jetzt machen sie Ernst damit, wo ich doch den Ärger mit Matz und den anderen in meiner Klasse habe.

Alle stehen um mich herum. Sie sind selbst traurig und wollen mich trösten. Onkel Butenschön, Tante Butenschön, Frau Mai, Herr Schluckebier, Erna Kupfernagel, Bauer Hansen und Herr Bolte. Wenn ich mich aber nicht trösten lassen will?

Mama kommt in den Laden. »Aber Moni!« sagt sie. »Denk mal richtig nach! Kein Kistenschleppen mehr für Tante Butenschön. Kein

gefährliches Leiterklettern mehr für Onkel Butenschön. Ich finde, die beiden haben einen ruhigen Lebensabend verdient.«

»Lebensabend, wie sich das anhört«, sagt Bauer Hansen und grinst breit.

Mir gefällt das Wort auch nicht. Das erinnert mich an den ersten Schultag und den Rektor mit seiner Rede von den wichtigen Stationen auf dem Lebensweg.

Tante Butenschön stemmt die Arme in die Hüften. »Lebensabend? Nein, nein«, sagt sie grimmig. »Wir sind bloß reif für die Rente, und wir machen uns jetzt das Leben schön, nicht wahr, Fritz?«

»Ja, ja«, sagt Onkel Butenschön.

Herr Bolte steht jetzt vor mir. »Ich wollte eigentlich zu dir, Moni, nicht zu Butenschöns. Aber dann habe ich die roten Buchstaben am Schaufenster gesehen und gedacht: Butenschöns Laden wär' ein guter Lagerraum für mich. Na, wie ist es, Moni, machst du bei meinem nächsten Kinderfilm wieder mit?«

»Nein«, sage ich. »Ich filme nie mehr. Das ist nämlich gar nicht so toll, wie ich gedacht habe. Das ist echt Arbeit. Ich hab' ganz schrecklich geschwitzt. Die vielen Scheinwerfer, und die vielen Leute! Und das Geld für die Arbeit hab' ich nicht gekriegt. Das ist auf dem Konto von Mama und Papa. Und der Matz kann keinen Quark mehr essen.«

»Na gut, dann nicht«, sagt Herr Bolte. »Bekomme ich denn wenigstens nach dieser Enttäuschung mit der jungen Dame den Laden als Lagerraum? Dann wär' mein Weg hierher nicht umsonst gewesen.«

Onkel Butenschön sieht Tante Butenschön fragend an. Die sieht sich um und sagt: »Unser Laden ein Lager? Das kann ich mir einfach nicht vorstellen. Ich kann mir ja noch nicht einmal vorstellen, daß wir den Laden wirklich dichtmachen. Ich weiß, ich habe oft davon gesprochen, aber jetzt möchte ich am liebsten alles so lassen, wie es ist.«

»Denk an deinen Rücken«, sagt Erna Kupfernagel.

»Mein Rücken ist ganz in Ordnung!« behauptet Tante Butenschön und richtet sich kerzengerade auf.

»In Ordnung? Dein Rücken? So wie du ihn dir immer hältst und dabei stöhnst?« Erna Kupfernagel glaubt es nicht.

»Ich stöhne nicht!« behauptet Tante Butenschön und sieht ihre allerbeste Feindin scharf an.

»Doch, doch! Sie stöhnen!« sagt Herr Bolte. »Das weiß ich von Moni. Keiner konnte bei der Filmarbeit so gut stöhnen wie Moni. Und wissen Sie, woher sie es konnte? Sie hat es Ihnen abgeguckt und nachgemacht, Frau Butenschön. Moni hat Talent. Willst du es dir nicht doch noch überlegen, Moni? Der neue Film spielt auf einem Rummelplatz und nicht in einem Krankenhaus.«

Ich schüttele den Kopf.

»Was Moni nicht will, will sie nicht!« sagt Tante Butenschön. »Und meinem Rücken geht es wirklich ausgezeichnet.«

»Na, dann hol mir doch mal von da ganz unten die Feuerbohnendose aus dem Regal!« sagt Erna Kupfernagel zu Tante Butenschön. Tante Butenschön will sich bücken. So tief unten kriegt sie Schwierigkeiten. Das weiß ich.

Erna Kupfernagel spricht mit Herrn Bolte, beobachtet aber Tante Butenschön aus den Augenwinkeln. Mich sieht sie nicht. Ich krieche unter die Theke, nehme die Feuerbohnendose, drücke sie Tante Butenschön heimlich von unten in die Hand. Die begreift schnell, faßt fest zu und stellt die Dose mit hartem Knall vor Erna Kupfernagel auf die Theke. »Bitte sehr! Die Feuerbohnendose!«

Erna Kupfernagel staunt. »Wie hast du das denn gemacht?«

»Geschwindigkeit ist keine Hexerei!« knurrt Tante Butenschön, sieht heimlich zu mir herunter und schmunzelt.

Ich hab' es genau gesehen. Tante Butenschön hat ihr Gesicht zu einem Lächeln verzogen. Jetzt geht die Welt unter, denke ich und ziehe den Kopf ein.

Aber die Welt geht nicht unter. Erna Kupfernagel nimmt die Feuerbohnendose von der Theke und sagt: »Du solltest deinen Rücken wirklich schonen, Katharina!«

»Ist es mein Rücken oder deiner?« fragt Tante Butenschön und sieht so grimmig aus wie immer.

Ich krieche zurück und stehe wieder neben der Theke.

Herr Bolte verabschiedet sich. »Und sagen Sie mir Bescheid, wenn ich den Laden mieten kann, ja?«

»In Ordnung«, sagt Onkel Butenschön.

»Aber rechnen Sie mal noch nicht so fest damit!« ruft Tante Butenschön ihm nach.

»Was sollen wir nur ohne Sie und den Laden anfangen?« fragt Frau Mai.

»Durch Sie hatten wir immer ein gemeinsames Ziel«, sagt Herr Schluckebier. Die Unzertrennlichen halten sich bei den Händen, als sie gehen.

»Ich glaube, mir wird das Klingeln der Kasse und das Scheppern der Ladentürglocke fehlen«, sagt Mama und geht nach oben.

»Was sein muß, muß sein«, sagt Onkel Butenschön tapfer.

«Ja, ja, wat mut, mut«, sagt Bauer Hansen und geht.

»Ich kann mir trotzdem nicht vorstellen, daß es jetzt Ernst wird«, sagt Tante Butenschön.

Erna Kupfernagel putzt sich sehr laut die Nase.

Ich sehe nach draußen. Auf der anderen Straßenseite verfolgen Tobias und Dirk einen Jungen. Der Junge schreit. Jetzt haben sie ihn eingeholt. Oh nein! Das ist Matz! Er wehrt sich. Er schlägt um sich und tritt. Umsonst. Die zwei haben ihn fest im Griff und fesseln ihn.

Wieso denn das? Sie haben doch zuletzt wieder alle zu Matz gehalten. Ich war doch die Böse, die Petze. Oder hat Matz zu mir gewollt? Zu einem Mädchen? Und sie wollten das nicht zulassen? Ha! Das wollen wir doch mal sehen!

168

Ich renne aus dem Laden. Ich muß Matz helfen. »Laßt sofort meinen Freund los!« sage ich. *Ich* kann ja noch Freund sagen. *Ich* hab' ja den Namen von Matz auf meinem Steckbrief nicht ausgestrichen. Ich nicht!

Tobias und Dirk grinsen.

»Laßt sofort den Matz los, oder ich hole seinen großen Bruder«, sage ich.

»Der arbeitet jetzt in der Keksfabrik«, sagt Tobias, sieht auf seine Armbanduhr und grinst.

»Du kannst Matz freikaufen«, sagt Dirk.

»Für zwei Riesenlutscher kannst du ihn haben«, sagt Tobias.

»Ich hab' kein Geld«, sage ich leise.

»Du kriegst die Lutscher bestimmt billiger. Räumungsverkauf!« Dirk zeigt auf die roten Pappbuchstaben.

»Du wohnst doch da drüben, oder?« fragt Tobias.

»Ja, schon. Aber umsonst gibt's da nichts.«

Matz schaut mich an. Er sieht wüst aus. Sein Haar klebt naß und verschwitzt am Kopf. An seiner Jacke fehlt ein Knopf. Ein Loch ist im Ärmel. Wer weiß, was die beiden »Gangster« schon mit ihm angestellt haben. Ich renne über die Straße. Verflixt! Warum kommt mir ausgerechnet jetzt diese dämliche Werbemelodie in den Sinn? »Knack den Würfel, laß dich überraschen! Etwas zum Spielen, etwas zum Naschen!« Diese Mist–Schokoladenwürfel. Mein ganzes Geld hab' ich dafür ausgegeben. Was mache ich nur?

Erna Kupfernagel ist jetzt die einzige Kundin im Laden. Sie steht vor der Theke, Onkel und Tante Butenschön dahinter. Erna Kupfernagel kauft gerade Schnürsenkel. Für Jahre im voraus. »So billig kriege ich sie sonst nirgendwo. Nicht mal im Supermarkt drüben.«

Ich muß Matz helfen. Ich sage: »Für zwanzig Pfennig . . .«

» . . . Bildsalat?« vollendet Tante Butenschön. »Da bist du bei mir an der falschen Adresse.«

Nein. Ich bin an der richtigen Adresse, glaube ich. Ich brauche Riesenlutscher. Ohne Geld. Ich überlege blitzschnell. Onkel Butenschön würde sich nicht trauen, sie mir zu geben. Der hat sich das ja nicht mal im Traum getraut. Ich sage zu Tante Butenschön: »Für zwanzig Pfennig zwei Riesenlutscher. Es ist dringend!« Dabei schaue ich nach draußen. Ich weiß nicht, ob Tante Butenschön Matz sehen kann. Matz ist in den Händen von Gangstern, und ich werde erpreßt.

»Na hör mal! Noch bin ich dran!« sagt Erna Kupfernagel und sortiert Schnürsenkel. »Ich war zuerst da.«

»Stell dich nicht so an, Erna!« Tante Butenschön greift ins Glas und drückt mir in jede Hand einen Riesenlutscher. Dann hält sie ihre Hand auf. Ich nehme die Riesenlutscher in die linke Hand, hole mit der rechten meine Silberknöpfe aus der Hosentasche und strecke sie ihr hin.

Erna Kupfernagel starrt darauf und lacht. »So eine faule Kundin ziehst du mir vor? Ha, ha, ha, ha!«

»Noch nie was von Knopfgeld gehört, was?« fragt Tante Butenschön, nimmt mir die Knöpfe aus der Hand und wirft sie in ihre Kasse.

Ich will aus dem Laden rennen.

»Warte, Moni!«

Ich bleibe stehen.

»Kriegst noch was raus!« Tante Butenschön holt einen Wäscheknopf aus ihrer Kitteltasche und legt ihn auf die Theke.

»Knopfgeld?« fragt Erna Kupfernagel neugierig. »Willst du damit sagen, daß man neuerdings bei euch mit Knöpfen bezahlen kann?«

»Nicht ›man‹. Nur Moni!« sagt Tante Butenschön.

Ich nehme den Wäscheknopf von der Theke und renne hinaus.

»Gib schon her!« Tobias und Dirk reißen mir die Riesenlutscher aus den Händen und laufen davon. Ich nehme Matz die Fesseln ab.

»Du hattest doch kein Geld mehr, hast du gesagt!« Matz sieht mich mißtrauisch an. »Du hast gelogen. Du hattest doch noch was.«

»Nein. Hatte ich nicht. Ich hab' mit den zwei Silberknöpfen bezahlt. Bei Tante Butenschön.« Ich versuche zu klimpern. Die Hosentasche ist leer. Ich stülpe sie um. »Hier! Sie sind weg. Ich hab' wirklich mit ihnen bezahlt.«

»Bei Tante Butenschön?« Matz faßt es nicht.

»Wohl noch nie was von Knopfgeld gehört, was?« frage ich, stemme die Arme in die Hüften und mache ein grimmiges Gesicht. Wie Tante Butenschön.

»Knopfgeld? Du spinnst ja!« schreit Matz, tippt sich an die Stirn und rennt weg.

»Warte, Matz!« rufe ich. »Es ist wirklich und wahrhaftig wahr. Kannst es mir glauben. Frag Erna Kupfernagel. Die war dabei!« Zu spät. Matz ist verschwunden. So eine Gemeinheit! Ich rette ihn, opfere sogar meinen Talisman, und was macht Matz? Bedankt sich nicht mal. Haut einfach ab!

»Lebensretter haben es schwer«, sagt Onkel Butenschön, als ich in den Laden zurückkomme.

»Lebensretter?« fragt Erna Kupfernagel. »Wer hat wem das Leben gerettet?«

»Moni dem Matz!« antwortet Tante Butenschön. »Gerade eben. Da draußen. Mußt deine Augen aufmachen, Erna!«

Erna Kupfernagel ist beleidigt. Sie zahlt Feuerbohnendose und Schnürsenkel – »mit richtigem Geld!« – und geht.

Etwas später steht Matz plötzlich in der Ladentür. Er winkt mich zu sich. In der Hand hat er zwei Trachtenknöpfe. »Hier! Nimm!« flüstert er mir zu. »Kauf mir zwei Riesenlutscher dafür!«

»Woher hast du die?«

»Ist doch egal. Es hat gestimmt, was du gesagt hast. Erna Kupfernagel erzählt auch, daß du bei Tante Butenschön mit Knöpfen bezahlen kannst.«

Butenschöns machen sich im Laden zu schaffen. Ob sie was gehört haben? Matz packt mal wieder den Stier bei den Hörnern. Er stellt sich mit mir zusammen vor die Theke. Ich weiß: Er freut sich, daß er wieder in Butenschöns Laden ist. Nach so langer Zeit. Zusammen mit mir. Er freut sich, daß er der Freund ist von einer, die mit Knöpfen bezahlen kann.

»Was darf es sein?« fragt Tante Butenschön und stützt sich mit den Fäusten auf der Theke ab.

Das muß jetzt klappen. Ich will mit den Silberknöpfen in meiner Hosentasche klimpern. – Weg! Ach ja, die liegen in Tante Butenschöns Kasse. Ich klimpere mit den Trachtenknöpfen von Matz.

»Sieh an, der Matz! Sieht man dich auch mal wieder?« Onkel Butenschön hat ihn entdeckt und strahlt.

»Mit dem redest du noch?« raunzt Tante Butenschön Onkel Butenschön an. »Der hat Quasselbude zu unserem schönen Laden gesagt. Daß du dich überhaupt noch hertraust, du treulose Tomate!«

»Zwei Riesenlutscher!« sage ich schnell und halte Tante Butenschön die Knöpfe von Matz hin.

»Was soll ich damit?« Sie stemmt die Arme in die Hüften und starrt mich an.

»Das Knopfgeld!« sage ich leise.

»Knopfgeld?« Tante Butenschön runzelt die Stirn. »Hast du schon mal was von Knopfgeld gehört, Fritz?«

Bevor Onkel Butenschön antworten kann, reißt Matz mir die Trachtenknöpfe aus der Hand. »Du Lügnerin! Du Quasselbudenpetze!« schreit er mich an und rennt aus dem Laden. Peng! Tür zu!

»Daß du es nur weißt, Moni«, sagt Tante Butenschön und sieht erstaunt hinter Matz her. »Das mit dem Knopfgeld gilt nur im Notfall. – Oder war das etwa schon wieder einer?«

»Na klar. Und ob«, sagt Onkel Butenschön. »Du hast voll ins Fettnäpfchen getreten, Katharina. Ich glaube, du weißt nicht mal, was du gerade angerichtet hast. Der Junge steckt noch voller Flausen nach diesen scheußlichen Filmen.«

»Filmen?« fragt Tante Butenschön. »Ja, Filmen«, antwortet Onkel Butenschön. »Und er kommt hierher, um mit Moni und uns zu reden. Trotzdem. Zum ersten Mal nach ganz langer Zeit. Und was machst du? Ekelst ihn wieder raus.«

»Ich hab' ihn doch nur etwas foppen wollen«, sagt Tante Butenschön. »Als kleine Rache, weil er so lange nicht hier war.«

»Foppen? Mit einem Gesicht wie drei Tage Regenwetter?« Onkel Butenschön schüttelt den Kopf. »Ich glaube, wir müssen ihr alles erzählen, Moni.« Und Onkel Butenschön erzählt, daß Matz Filme gesehen hat und gemonstert hat und mich dann Petze genannt hat, weil ich ihm helfen wollte. Er erzählt *allein*. So sind die Erwachsenen. Onkel Butenschön macht es wie Frau Krauss. Er sagt *wir* und meint es nicht so.

Egal. Nun ist sowieso alles aus. Matz denkt jetzt, daß ich immer petze. Das mit der Quasselbude können Butenschöns nur von mir haben. Das weiß er ganz genau.

Als Onkel Butenschön mit der Geschichte fertig ist, sitzt Tante Butenschön mit hängenden Armen auf der kleinen Trittleiter. »Tut mir leid!« sagt sie brummig.

»Dafür kann ich mir nichts kaufen«, sage ich.

Tante Butenschön brütet vor sich hin. »Quasselbude«, sagt sie. »Quasselbude? Quasselbude! Butenschöns Quasselbude! Wie findet ihr das?«

Onkel Butenschön und ich wissen nicht, wie wir das finden sollen.

Tante Butenschön holt meine Silberknöpfe aus der Kasse, drückt sie mir in die Hand, sagt »Für zwanzig Pfennig Bildsalat!« und zieht Onkel Butenschön und mich nach draußen zu den Obst- und Gemüsekisten. »Also, dieser Lagerraum vom Bolte ist ein Alptraum für mich«, sagt sie. »Keine Menschen mehr im Laden. Nur Drehbücher, technische Geräte und so. Nichts als tote Gegenstände. Fritz, was sagst du dazu?«

»Was sein muß, muß sein!« sagt Onkel Butenschön. »Du kannst keine Kisten mehr schleppen. Und ich ...« Er hält ihr seine Hände hin.

»Ich hab' da so einen Traum«, sagt Tante Butenschön. Sie macht die Augen ganz schmal, runzelt die Stirn und zeigt auf die Schaufensterscheibe mit dem Wort RÄUMUNGSVERKAUF. »In meinem Traum steht da nicht RÄUMUNGSVERKAUF, sondern BUTENSCHÖNS QUASSELBUDE. Könnt ihr euch etwas darunter vorstellen?«

Onkel Butenschön und ich sehen uns an.

»Zutritt natürlich nur für Mitglieder«, sagt Tante Butenschön. »Was haltet ihr davon?«

»Viel!« sagt Onkel Butenschön und strahlt.

»Keine Ideen, die Leute!« sagt Tante Butenschön brummig und stapft in den Laden zurück. »Auf alles muß man selber kommen.«

*Wie Matz in der Schule plötzlich wieder neben mir
sitzt und trotzdem nichts von mir wissen will, und
wie die Mitglieder von Butenschöns Quasselbude
mit mir zusammen auf »irgendwann« warten*

Die Regale in Butenschöns Laden wurden unheimlich schnell leer.
Eichenstädt ist klein. Es hatte sich in kurzer Zeit herumgesprochen, daß die Waren bei Butenschöns billiger waren als im Supermarkt, und bald standen die Menschen Schlange. Nein, es gab keine Geschichten in Tüten. »Keine Zeit zum Träumen!« sagte Tante Butenschön und krempelte die Ärmel hoch. Wir hatten alle Hände voll zu tun. Ja, *wir!*
Ich, Monika Wiedemann, die große Reporterin, habe in Butenschöns Laden Verkäuferin gespielt. Nein, nicht gespielt. Ich hab' zugepackt. Und wie! Rauf auf die Leiter, runter von der Leiter, raus aus dem Laden, rein in den Laden. Ich hab' Erna Kupfernagel die schwere Einkaufstasche nach Hause geschleppt, Kartoffeln aussortiert, matschige in den Mülleimer geworfen, Hundefutterpackungen gestapelt, Seife verkauft, Butter, Puderzucker und Kerzen. Alles durcheinander. Ich weiß jetzt genau, warum Butenschöns dichtmachen. So viel Arbeit! Ich bin richtig ins Schwitzen gekommen. Dabei hab' ich nur nachmittags geholfen. Morgens mußte ich ja in die Schule.
Matz sitzt übrigens wieder neben mir. Kurz nach dem Reinfall mit dem Knopfgeld hat er sich neben mich gesetzt. Einfach so. Der Platz war frei. Sabine war krank. Windpocken! Frau Krauss hat nichts gesagt, und als Sabine wieder gesund war, hat sie sich neben Nadine gesetzt. Der Platz von Anja war gerade frei. Windpocken!
Matz stört jetzt nicht mehr so oft. Manchmal monstert er noch,

aber leise. Meistens steht er ganz plötzlich mitten im Unterricht auf und stakst als Marsmonster durch die Klasse. Ohne das »Uggah! Uggah!«. Wenn niemand auf ihn achtet, setzt er sich bald wieder hin. Dann zieht er an den Fingern, daß es knackt. Davon wird mir ganz schlecht. Aber ich sage nichts, sonst setzt er sich wieder von mir weg.

Wenn Frau Krauss ihn nach irgendwas fragt, gibt Matz oft falsche Antworten. Ich flüstere ihm die richtigen zu. Rechtzeitig. Aber er hört nicht hin. Oder er will es nicht hören. Vielleicht will er auch bloß nicht nachplappern, was ihm ein Mädchen vorsagt. Er hat wohl noch immer was gegen Mädchen, obwohl er sie auf dem Schulhof nicht mehr jagt. Da monstert er bloß noch so für sich rum, ohne andere zu stören.

Hoffentlich bleibt Matz nicht sitzen! denke ich oft und klimpere mit den Silberknöpfen. Vor Arbeiten klimpere ich besonders heftig. Nicht für mich. Für Matz. Matz schreibt nämlich auch nicht mehr ab bei den Mathearbeiten und so. Er sieht nicht einmal mehr in mein Heft, obwohl ich es zu ihm rüberschiebe.

Butenschöns fragen immer mal wieder, wie's mit mir und Matz ist. »Wie geht's, wie steht's?« und so. Ich muß dann jedesmal nachdenken. Ich weiß nie genau, ob überhaupt noch was ist. Zwischen Matz und mir, meine ich. Er redet nur das Nötigste. »Das ist mein Bleistift!« – »Nimm den Arm da weg!« – »Das ist meine Tischseite!« – »Dein Käsebrot stinkt!«

»Ich glaube, es ist so«, hab' ich neulich zu Butenschöns gesagt. »Matz redet manchmal wieder mit mir, aber er will nichts von mir wissen.«

Onkel und Tante Butenschön haben auch nach den letzten Mathearbeiten gefragt. Tante Butenschön hat nämlich gesagt, jetzt hätte sie bald mehr Zeit und könnte ihren Zeigefinger länger auf einer falschen Stelle in einer Aufgabe liegen lassen. »Weil Matz doch immer so lange braucht, bis er den Fehler findet.«

»Nicht nötig«, hab' ich gesagt. »Ich hatte eine Eins und eine Zwei. Matz hatte eine Vier und eine Drei. Obwohl er nicht abgeschrieben hat. Frau Krauss hat ihn sehr gelobt. Mich nicht. Sie kümmert sich überhaupt viel um Matz. Wenn er mal von anderen geärgert wird, auf dem Schulhof oder so, kommt sie gleich und mischt sich ein. Sie geht oft ganz lange mit ihm herum, wenn sie Aufsicht hat, und redet und redet und redet. Um mich kümmert sich keiner. Ich bin noch immer ›die Petze‹. ›Da geht die Petze! Sagt der bloß nichts. Die verrät immer alles!‹ Das haben sie sogar den Erstkläßlern und den Zweitkläßlern erzählt.«

»Das ist ja schrecklich«, hat Onkel Butenschön gesagt. »Merkt denn eure Lehrerin nichts davon?«

»Ach was«, hab' ich gesagt. »Die kann das nicht merken. Die anderen tuscheln ja hauptsächlich in den großen Pausen. In letzter Zeit geh' ich dann immer zu Frau Lehmann in die Schülerbücherei oben unter dem Schuldach. Ich hab' gefragt, ob ich ihr bei der Bücherausgabe helfen soll. Die ist zweimal in der Woche. Ich gehe jetzt in die unteren Klassen und biete Bücher für die Kleinen an, Bücher, die ich schon gelesen habe, als ich klein war.«

»Das ist nett von dir, Moni!« hat Onkel Butenschön gesagt und sich über mich gefreut. Frau Lehmann freut sich auch immer, wenn ich komme. Sie sitzt nämlich meistens allein in der Bücherei herum. Die Kleinen trauen sich noch nicht hin, und die Großen haben keine Zeit mehr zum Lesen, keine Lust dazu, oder sie mögen Frau Lehmann nicht.

»Wie geht es Matz und dir?« hat Frau Lehmann mich am Anfang gefragt.

»Es geht«, hab' ich gesagt. Sonst nichts. Frau Lehmann hat nicht weitergefragt. Sie hat mich nur über ihre Brille hinweg angesehen. Darüber war ich froh.

Einmal hat Matz seinen Kopf zur Tür hereingestreckt, ihn aber sofort wieder zurückgezogen, als er mich in der Schülerbücherei sah.

Er hatte bestimmt Angst, ich würde Frau Lehmann die Sache mit der geklauten Brille erzählen. Aber das mache ich nicht. Die alte Nickelbrille hängt über Peters Bett. Da hängt sie gut. Die neue Brille ist viel schöner. Sie hat einen goldenen, geschwungenen Rand und macht Frau Lehmann hübscher.

Das findet auch Frau Möller. Die ist gerade seit langer Zeit mal wieder bei Mama. »Matz geht dreimal die Woche in Frau Lehmanns Bastelgruppe in der Schule«, sagt sie. »Der Rektor hat es verlangt.«

In der Bastelgruppe sind lauter Kinder, die den Unterricht stören, zu still sind oder keine Lust haben zum Lernen. Matz ist der einzige aus unserer Klasse, der hinmuß. Dabei hätten Tobias und Dirk es viel nötiger. Das finden alle in unserer Klasse. Tobias und Dirk gangstern inzwischen nämlich auch in echt. Sie haben schon Turnschuhe verschwinden lassen, Geld geklaut, Füller und Tintenkiller. Aber die Eltern von Tobias und Dirk haben sich geweigert, ihre Kinder in die Bastelgruppe zu schicken.

Ausgerechnet Tobias und Dirk ziehen Matz immer und überall mit der Bastelgruppe auf, sagen Knastelgruppe dazu, als ob sie so was wie ein Gefängnis wäre. Matz wird dann immer schrecklich wütend.

»Er will deshalb nicht mehr hingehen«, sagt Frau Möller zu Mama. »Obwohl ihm das Töpfern, das Zeichnen, Falten und Kleben Spaß macht, wehrt er sich mit Händen und Füßen. Ich habe ihn inzwischen im Turnverein in Biel angemeldet. Die nehmen ihn gern. Sobald das da gut läuft, nehme ich ihn aus der Bastelgruppe heraus. Da kann der Rektor sagen, was er will. Dann hat Matz sicher auch wieder Zeit für dich, Moni. Die Hausaufgaben und die Bastelgruppe, da bleibt nicht viel.

Ich gebe übrigens Peter kein Geld mehr, Frau Wiedemann. Nur weil ich so dumm war, ihm das Geld zu geben, konnte er sich auch noch den Videorecorder kaufen. Ich hab' mir einen von den Marsmonster-Filmen bei ihm angesehen. Darin wurden Mädchen und ihre Mütter geschlachtet. Kein Wunder, daß Matz durcheinander war! Ich werde die grausamen Bilder selbst kaum los. Am liebsten hätte ich auch gemonstert. Aber wissen Sie, wo? Bei denen, die solche Filme herstellen.

Ich bin ja so froh, daß du Frau Krauss alles gesagt hast, Moni! Sonst hätte ich vielleicht jetzt noch nichts von der Sache gewußt. Und das passiert mir! Ausgerechnet mir. Ich hab' gedacht, wenn wir keinen Fernseher haben, kann nichts schiefgehen. Es ist gut, daß Matz dich zur Freundin hat.«

Ich nicke und wundere mich. Matz hat seiner Mutter anscheinend nicht erzählt, daß er mich nicht mehr mag.

Frau Möller bedankt sich, daß Mama ihr so gut zugehört hat. »Ist Ihr Mann nicht zu Hause? Der Fernseher ist ja nicht an.«

»Mein Mann ist in Butenschöns Quasselbude«, sagt Mama. »Wenn er nach Hause kommt, schaut er dort neuerdings manchmal kurz rein und bleibt hängen. Ich glaube, er spielt mit Herrn Schluckebier Schach. Gestern hat er ihn zum ersten Mal geschlagen. Er kam ganz stolz zu uns rauf, und wir mußten ihm gratulieren.«

»Herr Schluckebier spielt sehr gut«, sagt Frau Möller. »Im Altersheim will schon niemand mehr gegen ihn antreten. Da hat er schon alle besiegt. Er war mal Schachmeister in seiner Heimatstadt. Und Frau Mai kann wunderbar zeichnen. Sie ist ausgebildete Grafikerin. Im Altersheim hängen Zeichnungen von ihr. Wußten Sie das?« Nein. Das wußte Mama nicht. Aber ich wußte es.

Als Frau Möller gehen will, bringe ich sie bis vor den Laden. Am Schaufenster liest sie: BUTENSCHÖNS QUASSELBUDE. Sie wundert sich, daß nichts darüber in der Zeitung gestanden hat. »Das ist doch eine tolle Sache!«

»Die von der Zeitung waren auch da«, sage ich. »Aber Tante Butenschön hat gesagt: ›Nichts da! Davon kommt kein Wort ins Blatt, sonst rennen uns die Leute die Bude ein. Moni und Matz können mal ein Kind mitbringen. Aber immer nur eins, sonst wird uns das zuviel.‹«

»Damit hat sie sicher recht«, sagt Frau Möller. »Ob ich mir Butenschöns Quasselbude mal ansehen darf?«

»Na klar!« sage ich und klopfe an die Tür. Dreimal. Ganz kräftig. Das ist das Erkennungszeichen.

»Wie bei den Heizungsrohren im Hochhaus«, sagt Frau Möller und lacht.

Tante Butenschön öffnet die Tür und macht ein grimmiges Gesicht. »Zutritt nur für Mitglieder!« raunzt sie.

»Ich würde nur gern mal einen Blick hineinwerfen«, sagt Frau Möller.

»Kann ja jeder kommen!«

Frau Möller sieht mich fragend an. Sie weiß nicht, ob Tante Butenschön es ernst meint oder nicht. Ich weiß es auch nicht. Das weiß man bei Tante Butenschön nie.

»Das ist die Mutter von Matz«, flüstere ich ihr zu.

»Ach so«, sagt Tante Butenschön laut. »Warum sagst du das nicht gleich?« Und dann reden sie lange und freundlich miteinander. Über Matz, aber auch über die anderen Mitglieder. Mitglieder in Butenschöns Quasselbude sind außer Butenschöns: Frau Mai, Herr Schluckebier, Erna Kupfernagel, Mama und Papa, Herr Bolte, ich und Matz. Bauer Hansen wollte nicht. Er hat zuviel Arbeit.

Herr Bolte war zuerst sauer, daß er den Lagerraum nicht kriegen sollte, aber dann hat er gesagt, daß er gern Mitglied in der Quasselbude werden möchte. »Ist ja 'ne tolle Idee! So was hat noch gefehlt in Eichenstädt.« Am liebsten hätte er sofort einen Film darüber gemacht. Aber Tante und Onkel Butenschön waren dagegen. »Müssen nicht gleich alle von allen alles wissen«, hat Tante Butenschön gesagt. Herr Bolte hat ein Foto von Butenschöns Laden gemacht. Für die Mitgliedsausweise. Frau Mai hat die verschnörkelten Buchstaben gezeichnet und die Ranken um unsere Namen. Efeuranken. Wie am Haus von Butenschöns.

Wir haben Matz seinen Ausweis mit der Post geschickt. Ich hab'
die Anschrift auf den Umschlag geschrieben: Herrn Maximilian
Möller, Eichenstädt, Hochhaus, 7. Stock. »Matz hat den Ausweis
schon vor Wochen bekommen«, sagt Frau Möller. »Ich habe ihn damals aus dem Briefkasten geholt und ihn Matz gegeben.«

Aber gekommen ist er bis jetzt noch nicht, denke ich. Obwohl er
doch längst gemerkt haben müßte, daß mit seinem Quasselbuden-
schimpfwort was ganz Gutes passiert ist.

»Vielleicht kommt er wieder mal hierher in den Laden, wenn er
nicht mehr in die Bastelgruppe muß«, sagt Frau Möller und sieht
sich um.

Ach was. Der kommt nicht. Weil ich gepetzt habe. Davon weiß
seine Mutter nichts. Sie will wieder gehen. Da sage ich schnell
noch, daß in Butenschöns Quasselbude auch gebastelt wird, und
hoffe, daß Frau Möller es weitererzählt. »Tante Butenschön kann
unheimlich gut basteln«, sage ich. »Und Herr Schluckebier war
Schreiner. Unten im früheren Kartoffelkeller stehen noch die alten
Schneidertische von Onkel Butenschöns Vater. Die sind riesengroß. Daran kann man gut arbeiten, hämmern, sägen und so.«

Tante Butenschön macht die Klapptür im Fußboden auf und steigt
mit Frau Möller nach unten. Seit da keine Kartoffeln mehr lagern,
riecht es besser, und es ist mehr Platz.

Papa und Herr Schluckebier lassen sich beim Schachspiel nicht
stören. Frau Mai sitzt neben ihnen und macht ein Nickerchen.

Als Tante Butenschön und Frau Möller wieder heraufkommen,
sagt Frau Möller: »Das Wort Maßschneiderei an der Wand neben
der Ladentür paßt genau. Butenschöns Quasselbude ist für die
Freizeit wie maßgeschneidert.« Das gefällt Tante Butenschön,
glaube ich. Als Frau Möller geht, faßt sie sich ans Kinn und knurrt:
»Lassen Sie sich mal wieder sehen, Frau Möller!« So was sagt
Tante Butenschön sonst nicht zu Fremden.

Frau Mai, Tante Butenschön und ich sehen uns jetzt eine »Uhlen-busch«-Folge an. Eine ganz alte. In schwarz/weiß. Auf Video. Wenn Frau Möller wüßte! Ob sie Matz dann die Quasselbude verbieten würde? Ein Glück! Sie weiß es nicht. Onkel Butenschön hat einen ganz alten Videorecorder »irgendwo abgestaubt«, wie er sagt. Aber in Wirklichkeit hat er ihn geschenkt gekriegt. Mit alten Cassetten. Für Butenschöns Quasselbude. Von Leuten, deren Kinder schon groß sind und die sich einen neuen Videorecorder gekauft haben. Wir finden den Film ganz toll. Besonders Tante Appelbohm und der Postbote sind Spitze. Aber der Heini macht in der Sendung nicht mehr mit. Schade.

Frau Mai sagt: »Kinderfilme sind auch gute Filme für ältere Menschen.«

»Ja, danach träumt man keinen Bildsalat«, sagt Tante Butenschön und sieht mich an.

»Bildsalat?« fragt Frau Mai. »Was meinen Sie damit?«

»Fragen Sie lieber Moni!« sagt Tante Butenschön, und ich muß Frau Mai alles erzählen, von unserem Kennwort und so.

Onkel Butenschön will mir ein paar gute Kindersendungen auf-zeichnen. Zum Beispiel morgen »Denkste!« vom Ersten Programm. Dann kann Mama so was auch mal mit ansehen und mitreden. Die arbeitet ja immer zur Kinderstundenzeit.

Sonst sehe ich kaum noch fern. Auch abends nicht. Ich bin jetzt öfter mit Papa unten bei Butenschöns. Papa schreinert im Kartof-felkeller, und Herr Schluckebier zeigt ihm, wie's gemacht wird. Es soll eine Überraschung werden für Mama. Als Entschädigung oder so. Weil sie nicht so oft in die Quasselbude kommen kann. Sie hat zuviel Arbeit. Mama möchte aber keine Überraschung. Sie will, daß Papa ihr bei der Hausarbeit hilft. Papa schreinert lieber. Hausarbeit kann er nicht ausstehen. Ich auch nicht. Dabei bin ich ein Mädchen. Na und?

Herr Bolte will mir beibringen, wie man fotografiert, ohne den

Menschen auf den Fotos die Köpfe abzuschneiden. Das kann ich als Reporterin gut gebrauchen. Frau Mai zeigt mir, wie sie Menschen von der Seite zeichnet. Im Profil. Meine Menschen haben von der Seite nämlich immer platte Nasen.

Es klopft dreimal kräftig. Erna Kupfernagel kommt. Sie nennt meine gezeichneten platten Nasen Boxernasen. Onkel Butenschön ist entsetzt und meint, das wär' eine Beleidigung für jeden Boxer. Boxer hätten schönere Nasen. Wir streiten uns darüber. Onkel Butenschön sagt, er als Fliegengewichtler müßte das schließlich wissen. Onkel Butenschön hat keine platte Nase. Das ist es ja. Deshalb weiß ich nicht, ob er wirklich mal Boxer war. Die Boxhandschuhe unten im Keller an der Wand beweisen gar nichts. Die könnte er auch auf dem Flohmarkt gekauft haben wie Papa den Degen bei uns im Wohnzimmer an der Wand. Aber das sage ich nicht. Mir rutscht sowieso viel zu leicht mal was raus. Da sage ich lieber was Unverfängliches. Zum Beispiel: »Matz könnte ruhig bald mal kommen!«

Immer, wenn ich das sage, sagt Tante Butenschön mit grimmigem Gesicht: »Wer nicht will, hat schon!«, oder: »Soll er bleiben, wo der Pfeffer wächst!« Das sagt sie auch jetzt. Dabei paßt es ihr ganz und gar nicht, daß Matz noch nicht gekommen ist. Das weiß ich. Das wissen alle. Sie hat ein ganz schlechtes Gewissen wegen der Knopfgeldsache.

»Irgendwann kommt Matz«, sagt Papa und macht den nächsten Zug.

»Irgendwann sicher«, sagt Erna Kupfernagel.

»Fragt sich nur, wann«, sagt Frau Mai.

»Das ist nur eine Frage der Zeit«, sagt Herr Schluckebier.

»Als ich ein kleiner Junge war«, sagt Onkel Butenschön, »sollte ich *irgendwann* mal neue Schuhe kriegen. Darauf warte ich heute noch. Ich mußte immer die Schuhe von meinen älteren Geschwistern auftragen. Erst als Erwachsener hab' ich neue Schuhe bekommen. Und so lange wollen wir doch nicht auf Matz warten. Wir müssen was unternehmen!«

Den letzten Satz mag ich nicht. Er erinnert mich an die Enttäuschung mit Frau Krauss. Die hat nie wieder mit mir darüber gesprochen. Sie hat es nicht mal versucht.

Erna Kupfernagel sieht aus dem Fenster. Regen klatscht gegen die Schaufensterscheibe. »Psst!« Tante Butenschöns allerbeste Feindin zeigt nach draußen. »Ich glaube, heute ist *irgendwann!*«

»Ach was, Erna«, sagt Tante Butenschön und faltet weiter an einer Papiertaube herum. »Du siehst mal wieder Gespenster.« Nein. Keine Gespenster. Auf der anderen Straßenseite steht Matz. Am Bordstein. Im Regen. Er sieht zu uns herüber.

»Matz ist ja ganz naß«, sage ich.

»Wer weiß, wie lange der schon da steht!« sagt Tante Butenschön. Sie will hinauslaufen und ihn holen.

Ich halte sie fest. »Das muß er allein machen. Und was er will, das kann er auch, wetten?«

Tante Butenschön starrt mich grimmig an, schmunzelt plötzlich und setzt sich wieder hin. Ich sehe nach draußen.

Matz setzt einen Fuß auf die Straße.